折射集
prisma

照亮存在之遮蔽

场·境·思

张一兵哲学絮语

I

张一兵 著

南京大学出版社

图书在版编目（CIP）数据

场·境·思：张一兵哲学絮语 / 张一兵著.
南京：南京大学出版社，2025.1. -- ISBN 978-7-305
-28175-4

Ⅰ. B-53

中国国家版本馆 CIP 数据核字第 20242YM307 号

出版发行　南京大学出版社
社　　　址　南京市汉口路 22 号　　　邮　编　210093

书　　　名　场·境·思：张一兵哲学絮语
　　　　　　CHANG · JING · SI: ZHANG YIBING ZHEXUE XUYU
著　　　者　张一兵
责任编辑　张　静
书籍设计　周伟伟

照　　　排　南京新华丰制版有限公司
印　　　刷　南京爱德印刷有限公司
开　　　本　889mm×1194mm 1/64 开　印 张　26.125　字 数　496 千
版　　　次　2025 年 1 月第 1 版　印 次　2025 年 1 月第 1 次印刷
ISBN　978-7-305-28175-4
定　　　价　188.00 元

网　　　址：http://www.njupco.com
官方微博：http://weibo.com/njupco
官方微信号：njupress
销售咨询热线：(025) 83594756

将此作献给那些曾经在场于我课堂中的同学们

目　录

写在前面的话

写书真的很累。因为出版物的赋形不像思想在自己原初构境中那样自由翻滚和伸展，学术论文和论著都要面对当下无形大他者和读者的目光——这种不得不发生的遮蔽和躲闪中的观念呈现，思想本身会被扭曲和阉割。

在一次学术访谈中，我曾经说过：以后"可能会出一本像格言录一样的东西，比如像帕斯卡、阿多诺、尼采那样的，一段一段的，那个太愉快了。我也不要去考虑这一段和下一段有什么关系，我现在已经开始做了……里面现在已经有几十条了，会很感性。我是想让那些没有学过哲学的人也能听懂。比如：'让我知道你的 iPod 里面的音乐，让我知道你枕边的书，我就会告诉你，你是谁。'也就是说，人呢，其实不是他自己表征自己是什么，而恰恰是真正围绕你的生命过程里面每天发生的情境，让你的生命涌现出来特定的情境状态。我这个格言录会从这种微观小事来讨论，从感性情境一点点引入我所讨论的问题。"[1]这件事情后来成了我在学术写作之余，娱乐和休息状态中的乐子。

从中学开始，我就喜欢从看到的小说和其他书中摘取自己喜欢的句子，这种习惯一直保持到上大学。好的作品，往往是在对一种生活或一个事件的深思中，才会迸发出一两句深刻的断言。并且，并不是所有好的句子都会是格言、警句，能称得上格言的东西，应该是已经为人们所流传和铭记的文字。格言其实是有力量的。我记得《红与黑》中，玛特尔小姐对于连所

1　参见张一兵：《构境论：不以他人的名义言说——张一兵访谈录》，北京师范大学出版社，2016年版，第117页。略有修改。

说的那句豪言："我今天的生活绝不会是昨天的简单重复！"回想起来，这句话几乎成了我青春岁月每天省思的标准。好玩的是，我也会在这些抄录的伟大的格言警句中，掺进一些自己的想法，并用"伊彼诺夫"和"奇客"的名字混淆其中，然后在一脸坏笑中让同样喜欢格言的同学抄走。现在保存下来的，只剩下大学时期的一两本格言摘录笔记本。我当然不会想到，有一天竟然会出版一本自己的"格言"录。

编写这几本所谓的思想絮语或者学术文字短句集的小书，某种意义上，也是我自己对长篇大论的逻各斯中心霸权话语的反抗。时常看到人们对我所写的学术论著的不满和批评，"啰唆""重复""明明 20 万字能说清楚，却写了 40 万字"。实际上，在我的学术写作中，也因为假设了主要读者会是非专业的大学生，所以总是担心我的一些分析或观点缺少了必要的理论前提或思想史的谱系参照，所以补充，所以解释，所以重复，写作真的成了"话在说我"的思想异化过程。其实，在任何一本学术论著中，真正原创性的论点都是重要的思想闪光，它们瞬间在场，突现出特定的思想构境，随即逝去。当你再用诠释捕捉它们的时候，那只会是思想的话语替身了。用一种格言或者独立论断的方式呈现这些思想闪光点，也就构成了我这本反逻各斯中心论的哲学絮语集。它的优点会是简单、明了。可它的景观性致命缺陷，是从特定思想语境中的抽离。这也就是说，絮语集中的所有文字，都会是以不是它自身原初的方式在场。比如，在本书正文的第一行出现的"我说了，你别太信以为真"就是我自己在过去 26 次南京大学文科博士公共大课导论中的开场白。讲这句话的构境背景，是针对那种在课堂上不加说明地充当马克思、胡塞尔和庄子在现场的代言人的传统教学伪主体的言说模式。似乎，老师上课的时候，"我说的就是马克思主义的真理"，"我解读出来的就是现象学的本义"，"我就是庄子梦境中那只蝴蝶"。其实，在任何时候，站在讲台前的老师都只是一个在特定历史条件下言说自己主观思想的有死者，我们绝不可能等于某个思想主体或者文本的直接在场。一方面，当我对学生说"别太信以为真"这句话时，实际上是想告诉听众，我并不等于我所言说的马克思、海德格尔或者拉康，我的课堂讲授只是我个人对他们的有限主观看法，这些看法必然包含了误认。这与那种宣称自己手中居有绝对正确的真理的讲学方式是根本异质的。好玩的是，虽然我说了"别信以为真"，可不少同学却相信了它们。在另一方面，"别信以为真"这句话似乎又悄然与我现在主张的历史构境论观点相近。这缘起于狄尔泰-福柯的新历史观，这种观点一反传统史学方法论中的史料中心主义的做法，指认了所有遗存的文字史料都会是一个时代统治者愿意让后人看到的故意遮蔽和裁剪结果，并且所有后人在面对文本的研究和解释中，都不可能真正返回文本的原初语境，而只能是以自己的生活情境重构文本。这样，"别信以为真"这句话又会在反解释学的构境中成为一种证伪性的文本学告诫。所以，这本哲学絮语集中的每一句几乎都可以拓展为一个小时的课；所有的文本片段，在原书中，很可能会有上万文字的解释。总之，读这些脱域化的"格言"，一定是"一千个读者眼中就会有一千个哈姆雷特"。这是必然。

　　本书中的学术絮语，有我随手写下的杂想，也有从自己已经出版的书中摘取的句子，还有一些是自己没有发表的讲稿、微信朋友圈和笔记中的言说片段。作为思之碎片和迸发出来的精神火花，它们非逻各斯地松散排列，随意地闪耀，这种原初的混沌，很可能就是精神本身的应有在场方式。

张一兵

2023 年 4 月 30 日于南京

1

我说了，你别太信以为**真**。

重新激活真的感动。

学会放弃。

平日断裂处历史呈现。

上天沉默，不答，不在场。但他注视我们。

从水平关系的苟生中超拔为垂直关系的神性存在。

在世俗红尘中重新获得天真之眼。

人生真正的胜者是从算计功利的世俗生活穿越到逍遥非凡的圣性世界。

进入感性的世界并非真的堕落，而是成为人。前提是你升上过天堂，听到过圣乐。

人生中的入世与出世、不归途与回家悖结的消解，在于进入对象化物役生活后的重新升华。怕就怕物化中的迷入，即齐美尔说的**居于桥上**。

学术研究中的**工与悟**不是对立的。艺术是灵性，佛是悟，学术也是方法之悟。但是这有一个从匠人性田野工作到创造性悟性意会的转换。思想中的直觉、灵感不是从天上掉下来的，而是一个人长期苦苦追索的结果。由此卢卡奇说：直觉是人们对一种复杂事物思考中的"突然"。

方法论的本真性只有一个：**可错性**。这种可错性是与有死者同构的。

希望你们在步入这个物性的社会，遇到低俗、平庸和无耻时，会在**生理上**产生一种深深的厌恶感。

在爱因斯坦之后，如果谁还自以为握有永恒的不变真理，是非常可笑的。

牛顿数学原理中的经典科学观：第一，永恒性；第二，绝对性；第三，普适性。牛顿关于科学的观念是从圣经来的。爱因斯坦相对论之后的现代科学观：第一次发现自然科学根本不是直接映照的外部客观对象的规律，而永远是一定的科学群体在特定的历史条件下对外部的自然界通过实验获得的有限的主观认识而已。爱因斯坦相对论是宣布所有理论和思想的有限性，所以永恒性变成了历史性，绝对性变成了相对性和参照性，普适性变成了暂时性。

不以**他人**的名义言说。

一篇好的文章，一堂像样的课：每一句话都会深深刺痛我们。

"我是谁？"这往往是哲学思考的第一个问题。

主我、他我和伪我。人并非都以真正的自己度过一生。

马克思、克尔凯郭尔和尼采是给新世纪带来灵魂战栗的人。

我对世界的**逼近**：我—它，我—你，我—我。

文本类型：完成并公开发表的文本；生成性文本：未完成手稿——亚文本；笔记心得和书信；拟文本：被建构的文本。

现象学:**非现成性**。把过去的构架放到被质疑的括号里。

应该与是：人本主义的批判张力。本真与异化之伪，价值悬设导引出的伦理批判。

走出独白式的线性话语逻辑，发现文本内在问题式的**复调和非线性**构境。

学术研究的本质应该是从显性的可见事物和话语中，深究不可见的隐性关系结构。

中国拥有几千年文明历史，产生过光辉灿烂的文化和孔孟老庄这样的大思想家，而在当代历史条件下，我们什么时候、怎么样才能够有自己真正的当代思想家？我所说的这个思想家，应该是既能够站在国际学术前沿同世界对话，又能够反映我们民族的优秀的智慧传统，真正能在人类思想宝库中留下一笔思想资源的人。我相信，这是每一个有责任的中国学者都会自觉或者不自觉地思考的问题，也是我们应该认真面对的问题。

中国的思想家将来要提供一种自己的思想，绝不可能总是以他者的话语言说。我们不可能总是用西方学者的词语来表运自己的学术存在，重要的是我们自己的**学术身份认同**，中国人必须以东方的学术话语来言说。

你能在复述完黑格尔、胡塞尔、老子和马克思之后，说一下**你自己**对这个世界的看法吗?

我希望自己能实现一种真正的哲学创造:**以民族文化为本,以马克思的方法为主导,以当代科学和哲学的成果为接口**,找到今天我们民族走向现代化进程中属于自己生命跃动的精神。在这一点上,我很赞成已经去世的日本当代哲学大师广松涉的思路。他开始是一个自然科学家,后来在关心日本左派反对当代资本主义的实践中成为一个马克思主义哲学家,他在 20 世纪 70 年代对马克思主义哲学文献学式的解读仍然是当代马克思主义哲学研究中的学术高点。后来,他以日本民族文化为基底,以马克思的理论为逻辑中轴,广收当代科学和西方哲学的成果,创立了一个很具东方(大和)特色的广松哲学。我们的哲学家应该有自己的梦。固然这可能会以几代人的艰辛和幻灭为代价。

对一个民族来说，哲学真会是温饱**之后**的事情。

哲学是一种方法，而不是一个知识积累。

方法论上的自觉是学术真正进入科学层面的标志。

哲学为什么不是知识，而是一种海德格尔所讲的"思"的"怎样"，这是需要我们沉思的。

学习哲学就是一个人形成自己内在精神结构的过程。
什么时侯你坐在一群人中，你开始发现自己不太一样，你有了面对这个世界独立的精神人格时，那就是哲学。

当哲学不在运动性中思时，它就已经死亡，或者根本没有出场。

所有的学问，特别是人文社会科学，都不是纯粹的概念和书本上的东西，而是**内居于生活本身的思**。

所谓的原创是建立于对前人驻足地方的深刻了解，按阿尔都塞的话说，就是**读出空白**，读出学术先辈以为终结而实际上没有完成的问题深入之处。

"接着说"，实际上是我们从灵魂层面和大师进行对话，我们听大师的教诲，进入现象学语境中每一位思想家的思考境界，最终是要找到每一个大师自己觉得很伟大却实为驻足之处，然后**向前走**。

创造新概念，是指一个思想家认为传统研究中的某一概念已经无法再通过置换法和替代法来实现自己的用意，必须选择启用新的有具体**异质性**内容的全新概念。

创造性地引入一些新概念或者概念自身的重构并不是概念的简单替换问题，这种概念性革命的产生往往会导致整个思想史的**重写**。

不接受新的概念，恰恰证明人们无法放弃**旧有的**思维模式。

构境是东方文化的基底。象，是其表；意，是其精；境，是其文化突现场境的**全整**。

字母（护音文字）已经不直接表象存在，它的本质是构境。

我在思考构境的时候，一个很大的具体问题是这个情境存在本身的**消解性**，人的所有情境都是瞬间出现、瞬间消失的，就像马斯洛讲的高峰体验一样，它不是一个凝固化的状态，一个不可消失的东西停留在那儿，它没有。海德格尔和德里达同时遇到了这个问题，海德格尔是在"存在"（Sein）上打叉，德里达则是将"存在"擦掉，而构境本身是自身消解的。这个同时建构和消解、在场与不在场的构境，就是人的生存的真正本质。

我的构境论实际上比海德格尔在"存在"上打个叉、德里达的写上擦掉要更激进，在一定的意义上。因为他们都还要先写上，而在我这里，那些学术记忆点和激活点永远都是死去的，我们都是在当下建构，并且随着思维活动的结束它也就消解了，不需要去画叉了，明天我重新去想的时候它才重新被建构起来。我觉得构境论甚至比德里达的解构理论更激进。

"体知"境。在赋形的过程中还谈不到构境的过程，塑形、构式和构序都只是构境的前期物性场境存在，境是最后在人的最高存在层面出现的突现状况，以及精神层面和艺术感知层面构境，构境不过是人的存在层面的一个**最高点**。

构境论的"境"是我对东方体知文化一个最重要的重构，依我之见，"境"是中国文化中一个最重要的**范式性**的概念。王树人老师曾经用了一个词"象文化"，但我认为象文化没有表征出我们民族文化最核心的部分。"象"一定是和"看"相关的，象、图像、景象，甚至意象必是与视觉相关的可视的表象。中国传统文化中最核心的部分，不管在它的实践理性层面、理论的学术层面，还是在它的所有的文化艺术存在层面，甚至到生活关系，然后到官场的权术，都是**不可言谈**的场境。所以，佛学到了中国一定是禅宗，禅宗的核心一定是"不立文字，直指人心"。不管什么东西到了中国，所有表象性的、外部可见的东西都被扬弃掉了。它变成一种体知的情境性的东西，就像只要懂一点中国的绘画或书法的人都会知道，中国书法的最高境界是对图像和可见的书写之形的超越。我说过，从近代的梁启超到当代草圣林散之的东西，从一般人的直观来看就像三、四年级小孩写的东西，包括江苏一位书法大师萧娴先生的字，视像中的在场总是歪歪斜斜地书写在纸上。实际上，观赏这些大师的书法作品时，他们的功法都不在直观中的**象**，而是一种很深的由作者与观者共同建构起来的**意境**。

在我看来，东方文化是**情景化的、意境化的和诗境化的**。我们中国人学术上根基性的东西和所有西方的物性话语相比，其根本的差异性就在这里。西方文化只是在当代发展中，在物极折返中才开始向构境论回归，如拉康和海德格尔的晚年思考。我常常在想，中华民族的文化存在的确可以说是人类文化的最高点，但这种依存于传统农耕生存的"最高点"不过是黑格尔所讲的一个抽象的原点，它需要有一个世界性的不同文化的铺垫、填充才能走到具体的抽象，以生成当代文化中真正的最高点。我当时脑子里一转弯，提出构境论，实际上假设的是一个中国哲学家以中国文化最根基的一个支点来表达一种新的东方文化或者思考的走向。

在李连杰演的电影《少林寺》里面，小和尚挑水、扫地，老和尚会跟他讲，武功在武功之外，通过外部整体的统觉来达及对一个事物、一个现象的思想透视，对一种境界的理解。这里面隐含了另一个问题，境的概念本身应该是东方文化里面的最高层面，它有象、有形、有外部显现，但最核心的、达到最高境界的是境。中国的艺术、音乐、诗境甚至官场上的权术，都是体知。整个一套东方式的体知文化是非常完整的。一种精神、一种理念，它会是浑然一体的。中医也是如此，中医的体知不是停留在身体的物性实在上，问切这些都是症候性的，很像精神分析里面所讲的症候诊疗。西医是把人变成各种肉块，在解剖的基础上讲病理；中医是整体性的调理，不是简单的外部的身体概念。

构境论中的"构"不是一个可以被分开讨论的独立实存，或者说可以摆在我们面前的对象。就像 Sein（存在）一样，用海德格尔的话来说，它恰恰是不能对象化摆置的。"构境"中的**构**，实际上就是成境时的那个突现场境发生。应该承认，我的构境论是与突现论相关的。1992 年我曾经写过一篇文章[1]，明确提出意识的本质是

---

1. 张一兵：《论意识空间的操作性本质》，《哲学动态》1992年第3期。

一种操作性建构关联现象的**突现**，也就是大脑皮层中那个神经突状体系统互动的交合过程和物理过程所产生的一个特定现象。意识是一个突现构境的精神层面的东西　虽然它始终与大脑的物理过程有物性连接，但它已经不是物理现象。所有意识都是一个突现过程，是我们去感受的时候，大脑里面发生的一个非常复杂的电流所建构的场境突现存在。

构境论与场境论关联性最大，或者说构境论的欧洲思想史重要来源之一，实际上是**格式塔心理学**，而不是现象学。

人的生命存在不是实物性或概念性的东西，它是由日常生活里面每一个瞬间、每一个活动过程来建构的，是一种场境存在。

社会存在本身是实体意义上的空无。当建构社会关系场和维系一定存在构序的人们不再活动时，实物依旧实存，但功能性的**塑形-构序-赋形**的社会场境即解构为无。所以，社会也在我们物性实在之外。

社会生活晚上是不存在的。为什么？因为社会存在总是一个当下发生的建构过程，它是一个在多层次上，从劳动塑形到社会筑模同时发生的非常复杂的过程。为什么晚上不存在？所有人都睡去的时候，人和人建立的所有的关系性的活动和力量关系都不复存在，这个时候我们所谓的社会生活是没有的。就像我们经常在末世电影里看到的，一个城市所有活动都停滞了，所有的物性东西都在，但是当所有人都不活动的时候，社会并不**在**。因为，所谓**社会存在**是第二天早上所有人通过上班、劳作和学习，通过活动重新在**力量关系**中建构起来的，所有的劳动塑形到生产构式到社会筑模都是当下发生的。一个所有人亭滞的瞬间，存在即被解构了。

在今天，日常生活的基底中实存着各种不同的可以离开人而独立运转的物性系统，如计算机系统、网络系统、水电力系统、电话系统、煤气系统等等（晚上当人们进入梦境时，它们仍然存在和运转着）。这些系统是人们构成自己社会生活的物性**有序组织**依托，它们的物性存在并不等于**人的**社会生活本身，如果没有人的活动与相互作用建构出来的生活**场境**（实践场之上的生活情境），如果没有支配和建构这种行为场域的**功能有序性**（实践构序），这一切物性条件在生活世界的意义上就都是非存在的。为了更好地说明社会存在的当下建构性，我们可以认为：**社会在夜晚是不存在的。**

一个文本传递的新信息量超过 15%，就会成为一个时代无法接受的死文本。

我得承认，构境论在 2007 年拿出来的时候，很像是一个故意的"行为艺术"。这个意思是说，大家都不知道你在干什么，只是做了一个文本事件，把它做一个公开出版文本中的标定。然后，我又在 2009 年把构境论前设理论——与历史唯物主义的关系，做了一个台阶式的概念布展，即《劳动塑形、关系构式、生产创序与结构筑模》一文，这算是再扔一块不可读的学术砖头在《哲学研究》上。我觉得，现在大家都不理解构境论是正常的，它的在场遭遇并不是腹背受敌，而是全面拒斥。这跟海德格尔对他自己的本有论的**可接受度**的估计是完全一致的。

历史唯物主义的**物**并不是感性实在，而是社会存在中以关系为基础的生活**场境**，人与自然、人与人之间的关系是这种活动场境的存在主轴。这个客观的社会关系场境是建构性的，它恰恰是构境论的客观前提。

马克思历史唯物主义重要的基础就是生产过程，社会生活和生命本身都不是实体性的东西，不是人的生物学意义上的肉身，不是社会存在中出现的物，而是生命活动的践行，是活动过程，是建构起来的关系，是一个场过程、一个场存在，然后，在这个场活动过程中，人们交织起来的这样一种活动性的实践结构。

让我知道你的手机里存的是什么音乐，让我知道你阅读的书目，我就告诉你**你是谁**。

古典音乐的本质是建构一个人内心深处某种圣性想象情境的空间。

人们在音乐中只能听到自己的心境，不是音调驻持中的回忆，而是当下建构的想象场境。

我们看后现代戏剧、电影或者诗歌的过程中，得到的不是一般诗性的延续，在它描述诗性的时候，都是对人的冲击，让人感到恶心，这种恶心会让我们从日常生活的麻木中脱落下来。

古尔德有一段时间"拒绝演奏"，阿甘本在讲到潜能的时候提到古尔德的"不去演奏"。我把阿甘本的理论概括为"潜能本体论"，这是对海德格尔晚期"泰然让之"思想的一个诠释。

当代欧洲音乐界有两位著名的小提琴大师，一位是赫赫有名的海菲茨，是小提琴学习者们膜拜得不得了的人物，另一位是我比较喜欢的帕尔曼。单纯从小提琴演奏技巧上来讲，海菲茨达到了 20 世纪可能是无人可超越的地步，特别是在一些高难度的演奏方面，非常娴熟。他的一些小提琴演奏的唱片是经典中的经典。而关于帕尔曼的小提琴演奏技巧，则没有人专门进行评说。从演奏者和作品的关系来讲，在海菲茨那里，自我性表现为他者式的技巧性，没有他绝顶聪明地对小提琴技术的掌握，不可能达到这种不可逾越的技巧性，达到其他人都做不到的弓法。但帕尔曼的小提琴演奏同样是一种自我性，他的自我性通过音乐涌现出来，是非他性的情感和生命的细腻表现。

因盲而看不见并不可怕，睁着双眼而看不见眼前的东西才真正可怕。

我写文章和书的本质：**知死而不死的在场方式**。

看电影和追剧的时候，就是把自己变成驴子；写作的时候就是**假装**自己不是驴子。

反打是电影研究中一个非常重要的方法论概念，一个范式性的东西。它指出的一个非常重要的方面，是对导演、编剧以及电影拍摄整个建构过程中最重要的核心制作人和观众主体视位的一个中断性的**反向告示**。一个观众坐在电影院里看电影，看电影的过程是一个浸入被制造出来的音像话语构形的叙事过程。观众跟着看这个电影，比如《阿凡达》，把故事看完，得到愉悦，有一定的思想性和视觉享受。而反打性则是假设观众在某一个瞬间对放映机的一个突然回目，他会突然从叙事的体验中发现这其实是一个**他性建构**的过程：它是每秒钟 24 张固定的画面通过剪接、通过影像建构而成的虚假叙事**构境**，按胡塞尔在时间现象学里讲的，我们看到的"世界"图景实际上是残余影像的一个完形幻象的连续维系。反打所制造的这个突然的解构过程，形成了对当下电影放映中的叙事场景的一个构境论的理解。反打生成的这个解构体验是跟那种迷入在场景当中的话语的叙事体验完全不一样的。

真实总是在虚假正经和辉煌的**破裂处**现身，于是掩饰则会是真实出场的前奏。

表象本身的异化：脸不再是表达之脸，而是扮怪相的**鬼脸**。

历史从来都只会围绕光亮的王权的**辉煌史**展开，有关平常生活的绝大部分真实细节，都被视为低于历史构序的记载标准的无意义废物和空无而删除了。被历史学家以同一种入史标准**栅格化**的那些光亮的历史事实，自然就不得不沦为永久黑暗中的沉默。

我们的历史研究，永远都是以一种当下社会生活生成的认识构架重构已经不在场的过去，重构不等于在场。更重要的方面还在于，因为社会生活与个人存在之间始终存在一种无法打破的隔膜，所以社会生活情境不等于个体生活的总和，个人生存总有逃离社会的一面。其中，个人生存的处境、积极或消极行动的建构、情境、心境与思境都不是完全透明可见的。虽然人的生活构境有其特定的物性基础，但构境达及的生存体验却是各异和隐秘的。正是个人生存中的这种可见和不可见的多样性生活努力，建构出一个社会内含着隐性灰色面的总体生活情境。在每一个历史断面上，总有来自个体生存情境隐秘和社会生活的意识形态遮蔽。这些非物性的生存构境因素和力量，从一开始就是**注定不入史**的。这样，能够历经沧海桑田而保存下来的那些作为历史印记的文字记载和物性文物，只是一个时代人们愿意呈现和允许记载的部分，永远都不可能等于逝去的社会生活本身。

任何一种历史研究都是生活在现在的人们借助历史记载和古物所进行的**重新历史构境的主观显象**。这种历史构境论的背后，是研究主体对自己作为"有死者"的历史性存在的内省和逻辑自觉。

目的论预设是过去黑格尔神正论史学观的一种特定翻版，在唯心主义大师黑格尔那里，绝对观念（过去的上帝）自始就注定是要实现出来的，它可以历经精神现象的各个阶段，通过自身异化的设定与扬弃而获得向自身的回归。在传统苏东式的马哲史研究中，这种目的论预设实为治史的隐性基础。以这种思路入手的话，在概念史的逻辑中，马克思天生就是要创立历史唯物主义的，作为后人，我们要做的只不过是在编年史的记载中，厘清马克思思想发展的不同阶段，并从中找出历史唯物主义的萌芽和生长点，进而重现其不断实现的过程。

线性进化论和圣性焦点模式与目的论预设的思路相关，其突出表现是在马克思主义思想史的研究中，研究者总是试图寻找逻辑上平滑的进展，试图把问题**说圆**，从而发现一些所谓"正确"与"合理"的地方。在传统的研究工作中，我们看到的总是一个顺理成章、思想流畅的马克思，或者是一个永恒正确的列宁。然而，真实的马克思和列宁并不是完人，他们与其他凡人无异，身上也有许多缺点和不足，他们的思想发展也曾经历过一个矛盾、冲突、甚至是断裂的过程。

构境论的文本阅读本质是：**我比作者深刻**。一种思想只有在它比它更深刻的构境中才能长存下去。马克思面对李嘉图如此，海德格尔面对尼采也是如此。

有的时候，要学会沉默，因为此时的沉默是内心强大的表现。

常人不是人，而是一种对人的周围性指引。这种指引，是一种**无脸的暴力**。

我**研究**我的疯狂、痛苦和悲伤，疯狂、痛苦和悲伤瞬间**不在**。福柯后来有一篇重要文章的题目就叫《疯狂，著作的不在场》（"La folie, l'absence de l'œuvre"）。[1]

---

1 Michel Foucault, "La folie, l'absence de l'œuvre", *La table ronde*, n° 196, Situation de la psychiatrie, mai 1964, p.11-21. 后收录于 *Histoire de la folie à l'âge classique*, 2nd ed, Gallimard, 1972, appendix Ⅰ, p.575-582。

布尔乔亚工具理性的权力不是生活之上的**有脸**暴力，它就是生活建构起来的不可见的隐性话语构序和表现方式。

圣性事物和神灵的不在场，为我们提供了一种世俗事物中的黑夜，这是一个相对于光亮的工具理性的暗处所在，让我们生成一种独特的对不可能性的经验，即**僭越**构境。

每一个生命存在的当下的时刻都不是一个独立的点状瞬间，而是一个三维时间意向内在同一的滚动着的生活地平，即过去和未来在当下之中的生命建构。

你的每一分钟、每一秒钟，你的存在永远是不可逆转的，它逝去了就不再回来。

写一个垃圾文本，它的出场即为了被投入垃圾箱而遭忘记,好的文本则会在各种关于它的诠释和变形的"化身"中被重构和伸展，在无尽的赞成和批判的反复叠境中持存并获得永生，这就是所谓**经典**文本的诞生。

康德：可看到的东西与可思考的对象，都只是**被给予的呈现性的东西**。这也就是说，一种特定的先验的逻辑构架的方式，建构了我们被称为世界的那个世界**图景**。"我们向自然立法"!

在方法论非自觉的状态之下,我们自以为离真理很近，然后面红耳赤地坚持自己绝对正确，但实际上每一步都是离真理或者离客观性很远。这是一个辩证法。

青年卢卡奇说，距离产生美，我想说，间距生成反思。与自己的学问保持一个必要的间距，它会造成一种非常复杂的内省关系。

最好的学生应该对自己的老师有所超越。但这个超越不是简单的离开或无耻的背叛。

如果说我有一种哲学观，也应该是海德格尔意义上的思想构境，就是你向这个世界发出声音的一种方式，你的存在方式变成了一种哲学的思想方式。也是在这个意义上，我才会比较拒斥把哲学当作传递给别人的一种概念体系，传递一种结论、传递一种知识的过程。我从一开始会非常抵触现成性的知识，这种观念慢慢又会扩展到我对大学教育的理解。在本科生通识教育的第一堂课上我都会讲这样的问题，大学主要不是学知识，主要是体验生命的意义、存在的意义。

以我的理解，好的大学教育是使你获得一种生命存在中的属于你自己的**非凡性**的过程。

大学学习，就是要在你们的内心里种植起一种真正的古典神性和美感，这种非凡的精神人格将产生一种"对粗俗的生理恶心"（尼采）。

好的大学生活，是通过看"灿烂的书"、读具有神性的诗、听塑形一颗非凡心灵的音乐，让我们居有不同于常人的崇高精神境界。

好的戏剧、音乐、诗歌以及其他艺术作品，它们并不是帮助我们去做学问，而是让我们的存在本身充满诗意。

我们在大学的课堂里上课时，一是要有学生在场，当然，这种在场并非人的肉身在，而是思在。我讲课反对学生做笔记，而是希望他们能跟着我一起思考，这种在场是双向的互动。二是上课也没有具象的产品，讲授是塑形学生的灵魂，当然这不是指简单的知识传递，而是**方法论的训练**。

对于老师来讲，最快乐的有两件事，一个是能够看到自己喜欢的书，另一个是能够找到自己满意的学生。好书是使你能够与新思想碰撞的通道，它会让你保持与学术大师的对话和交流；而好的学生则是我们永不老去和传承精神生命的重要依存。

在欧洲的所谓上流社会里，富裕家庭的孩子首选的专业很可能会是音乐、艺术、神学和哲学。要知道，这些东西既不能变出面包，也不能变来金钱，可是它们却关系人的存在本质和内在精神生活。其实，当一个社会的富足达到了一定程度时，人们就不会总是去选一个能在将来挣更多钱的专业，而是会选择最能与他的生存个性相关的专业，选择他喜欢并能使一个人的创造性充分发挥出来的事情。

古典音乐的本质是建构一个人内心深处某种**圣性想象情境**的空间。从每一次响起的古典音乐中，我们不是外在地听到柴可夫斯基、奥芬巴赫，**其实在音乐中，你只能听到你自己的灵魂，你独有的生命经历，你秘不示人的深深痛苦、忧伤和欢乐**。大师胡塞尔曾经在《内时间意识现象学》中分析过我们听音乐的微观内感觉结构：一段音乐响起的时候，每一个瞬间都不是一个静止的音符，它接续刚刚消失的音响，期待即将到来的音节。我们听一部欧洲古典交响乐或者我们民族经典音乐作品的每一个当下都在进行一种整体的驻持和记忆联想的音乐空间建构，听出一种调式、一段优美的旋律和一幅令人落泪的音诗画卷。在其中，你实现自己内心的隐秘冲动。

你在讲授一门课的时候，如果你自己都不相信它，不喜欢它，你自己就没有底气，就不会充满热情地讲好它。这是做教师的一个最基本的方面。如果一个事情在你自己面对它的过程中，已经把它当作一个"饭碗"，当作一个去应付的东西，就会丧失了所有的乐趣。上课对我来讲，是一个**生命外化**的过程，所以它也必然是一个很愉悦的过程。

学会听课，让你能够听下去的是你的知识结构性系统，在你自己整个的知识世界里，有相关的信息储备，你才能有共振，你才知道老师在说什么。学会听课不是只记知识要点，而是要学会老师提出问题、分析问题、解决问题的内在逻辑和方法。

在所有的思想史中，无论是东方的思想史还是希腊思想，从埃利亚学派到苏格拉底，一直到今天，唯物主义经常是正确的，但有时往往是肤浅的；唯心主义是错的，但它可能是深刻的。

人文社会科学从来不存在简单的**真假二元**判断，一个东西是对的，一个东西是错的，从来没有。这种东西，是儿童的世界。孩子跟大人去看电影，才会问大人谁是好人或坏人。

一个人的一生当中会有很多选择，他有可能做很多事情，比如为学、做官、经商之类，但一个人一辈子实际上只能做好一件事情。这个选择很重要，你倾其一生来做的这件事情本身，应该是让你非常愉悦的，也最适合你身心和创造性的发挥。

人的成功首先一个方面是要有能力进入现实，而不是为了坚守你抽象的理念而拒绝它，这个是没用的。能够进入现实，而且能够在里面活得很好，然后，更重要的是按照自己的理想，让这个世界在你的手中变得稍微好一点，这才是真的抗拒。

这个世界里从没有不可能，只要脚踏实地地拼搏，战胜自己的懦弱、粗心和自满，决不放弃能获得任何一分的努力，就一定会有超常发挥的光亮。

中国不是一个空洞的口号，她是由我们每一个中国人手中的工作、学习和生活构建起来的，做好每一件事，取得每一次好的成绩，中国的未来才是真有希望的。

一个人在历史上的轻重，并不在于他是否有显赫的名望，而是看当他执掌一方航程时，是否有担当，遇到疾风暴雨时，是否敢于挺身而出，阳光与星月兼程里，是不是将自己的全部心身化作保持方向正确和勇往直前的内驱力。

削发为尼，遁世面壁，或者到山上去买个房子，故意跟世界隔离，我真觉得不需要。为什么呢？就像禅宗里那个五祖和六祖的关系。清静不是靠物性的隔绝。你心里面是不是被沾染上尘世的灰，如果有，心里面的东西是扫不掉的。也有一些人是效仿海德格尔，可海德格尔的小木屋，是他做本有哲学真实的需要，他没有故意。我不主张孩子们都去这样做，这不是一个负责任的态度。人很重要的还是内心里面那一块应该保留的东西。五祖是勤打扫，在六祖那里根本就没有灰，扫什么呢？

人有了物就会被物所粘连。

学术界有一种不好的现象，即通过一种类似"芙蓉姐姐""芙蓉哥哥"的方式来显摆自己，靠骂名人蹭热度出名。这种热闹长不了。

艺术是最能表现一个人内在个性的，它是独一无二的精神性存在方式。我们知道，一个大师的艺术作品，会以罗丹、达利的名字永载人类的文化史，永远是艺术殿堂的瑰宝。相反，金钱却是"无名"的，你可以一时占有，但永远也带不走。

话总是在想**说我**，可我却在话语事件中显现自己。

正是因为我们认识了自己学术观点的相对性，认识了我们都不居有绝对真理，我们才有可能真的遭遇真理。

拒绝是诱惑的深渊。福柯所指认的性禁忌布展策略：

越不让你看，你越想看；你越无法得到，你越欲求。拉康的小对象 *a* 叫**欲望对象**，它永远无法抵达，但它生成欲望。

每天晚上从健身房出来路过那姑娘落下的地方[1]，都会默默重演一下那悲剧性的一幕，以告诫自己现实中的一切生存构境是多么脆弱。这是海德格尔的向死而生的现实意识形态仪式版。

老天爷能且无所不能，然而并不逞能，它将自己隐蔽起来，它的缺席即更深的在场，**不可见的无言之显就是启示**。

影像不是某种实体性的存在，它是**瞬间构境**。你面对

———
1. 在我曾经居住的小区，邻近一幢楼里的一个中学生女孩从十五楼一跃而下。

水面和镜子，你在场注视，影像瞬间构境生成；你离开，它瞬间消失。人可以构境成像；动物可看见影像，但不能构境。

我们对每一事物和现象的研究都只能在**功能性**的意义上进行，而不是把对象变成一个静止的、独立的东西。

音乐修养是人的自我实现的一个极高的境界，如果我们只知道教孩子熟练地弹出几首曲子，而不能让他们知道如何成为人，那他们永远不会学会**人**的音乐。

中国传统文化，特别是中国几千年来的汉文化存在或者延续的方式，按照我们今天的话来说，基本上是一个**文本学诠释和伸展**的过程。我们可以看到，在春秋战国时期大批原创性的东西出现以后，几千年来中国学术的传承，都采取了一个与文本的诠释学的关系，或者叫诠释存在论的关系。所有人都是从文本开始，与经典伴随终身，在古人那里，很少出现我们今天这种离开经典文本依据的宏大叙事性的胡扯。这个文本诵读的过程甚至从儿童就开始了，从并不完全知道内涵的经典诵读、熟读开始，背唐诗，背典籍，刚背的时候，是类似黑格尔所讲的根本不知道文本内涵的"绝对抽象"。背典籍和背文本的起始，从抽象的不知再到生存中不断发生的具体的知，这是一个生命化实践的过程。我们发现，中国传统学术传承绝大部分都是一代又一代人和典籍之间的一种存在论关系，形象的说法就是"我注六经、六经注我"的关系。

在过去，人们通常是在我称之为"客体视位"的角度去解读读者和文本的关系的，即假设作者是一个线性的、一根筋的、在主观意图上没有掺杂故意性的作者，因此作者的客观意图，可以原原本本地对象化到文本当中，文本构境就等于作者意图的直接实现。就我现在的认识，过去这种关系假设是根本不成立的，是根本不存在的。

神性文本学最大的问题，是不能去怀疑文本绝对的正确性。这也是全部前现代性的文本学的本质：读者是一个信众，面对的是神性的有光环的经典，不可怀疑，只能信仰。

同样一首诗、一首音乐，有人能读出经典，能听到音乐本身的真谛，可有人就不行，这是和主体并不自觉的自身某种看不见的东西相关的。所以说读者的无穷后退在于，"读"这个事件的发生，是与读者本身所背负的隐性知识构架、他的情感空间、他的伦理价值取向、他的家庭背景、他的心理结构相关联的。

后文本学的阅读不再是回到原初，而是**生产的创造性**。这已经是阅读的一个最高境界。

学生学习只能是从尝试性的文字阅读开始，再经过知识性阅读抵达现代性阅读，也就是对原初语境的返抵。而当你有可能成为原创性思想家、科学家、艺术家的时候，才可能具有后现代文本学的"文之悦"，否则，就会是骗人的。

人的主体性**构境**会是 ChatGPT 永远无法超越的趋死边界。

2

人类的存在及其物质活动使自然界的一部分开始由一种天然的存在状态逐渐变成一种**再生产出来的东西**，即以被人类改造、利用的形式存在的自然物质条件。这种物质自然界已经不是原始森林、未开垦的处女地或其他形式的天然资源，而是以人的劳动产品、加工物以及人赖以生存的各种物质生产条件等形式出现的新的自然环境（如农作物的种植、被利用的自然力以及整个工业和各项为人类服务的物质生活所产生的结果）。我们看到，这些自然物质已经不是单纯意义上的自然存在，而是将人的主观意志与客观的自然条件用实践结合起来的统一物，是人类创造性活动本身的

对象化、自然化，或者反过来说，也是自然界的"人化"。

人的自然中那些重新组合的无机体或有机体虽然也遵循一般的物质运动规律，但其自身的系统运动规律并不是天然具有的。人类汲取自然界中对自己有利的因素，模拟、集中和复制出一些人工自然物体，这些物体所具有的系统规律自然也就是人工选聚的结果，如从铀矿到核聚变应用的过程、从煤矿到火力发电的过程，还有电子计算机和各种用途的电子工程系统。以上种种显然都是人类智慧和自然科学对象化后的物质过程，它们已经成为高级形态的自然物体，也构成了运行的特殊规律。

工业化大生产越来越紧密地与科学联系在一起，人与自然之间的关系从原先的由工具中介连接突变为以机器体系为中介，那种手工劳动中发生的人的主体经验被大大排除了，而代之以一种物的客观实证性（在大工业管理科学中就是由泰勒始开先河，韦伯、法约尔建立的经典管理程序）。此时，人越来越被作为物编制在机器体系中，一切社会运转似乎都成了一种离开人而运作的所谓的"法理型"构架。必须承认，这种格局的形成倒不是因为资产阶级的主观好恶，而是资本主义生产方式下生产力历史发展的客观要求。

科学文献的阅读方式通常有三种，即知识性阅读、专题性精读和主题性研读，这种分类和排列的标准是由浅入深，由一般了解到具体研究的不同递升层次。知识性阅读，是指通过读书，了解一定的学科领域、一个理论问题或某方面已有的科学认知，这实际上是某种新知识的获得过程，也是科研阅读中最基础的部分。围绕某个中心理论问题所展开的文献阅读我们称之为专题性精读，它是指通过有明确理解指向的读书来达到对某一已知学科或特定理论问题的深入理解，其主要目的是对一定课题的了解达到专业水准。这是为科研目的而进行的读书中十分重要的步骤，它将直接完成下一步理论研究的资料准备工作。主题性研读被我视为科研阅读的最后形式，实际上已经算是科研的一部分，甚至可以说是科研活动中极其重要的一部分了。主题性研读指的是确定科研题目后为研究所做的科学文献方面的资料准备工作。这种阅读已经不再是一般的"读"了，而是在确定我们的研究该针对什么问题而向前推进。如果将精读看成一种"现象学的进入"，是"变成（被研究的那朵）花"的工作，那么研读就是从对象中再超脱出来，站在自己的立场上重新审视的过程。

在马克思的实践唯物主义新视界中，自然物质与实践都是**第一性**的，但自然是**先在的**，而实践则具有哲学逻辑上的**基始性**；更进一步，到了实践中，物质生产又是**第一级和原生的**。其间，存在一个有序的理论递进关系。自然物质与人类实践虽然都是客观存在的和第一性的，并且其中的自然物质又是先在的，是人类社会存在的基础，但从人类历史主体的视角出发来看，先在的对象只能在人之实践的客观掘进中才能被历史地确定。所以，在马克思的实践唯物主义逻辑中，实践则具有逻辑上的优先性和基始性（不是先在性），而作为实践真正主体的现实的个人当然是历史发展最真实的主体和历史发展的最终目的。一旦进入具体的历史过程，社会实践就进一步分解为一个复杂的多层面的人类主体行为系统，而在历史的、现实的、具体的社会实践中，人类主体通过物质活动改变自然对象的生产和再生产过程是它具体的真实基础。

在唯物主义辩证法理论中，那种逻辑递进关系（如从现象到本质、从质到量的进入），究竟是不是客观事物本然的结构？特别是马克思对黑格尔唯心主义辩证法的改造，是否仅仅将"绝对观念"换成"物质"？在黑格尔那里，他是将人类主体认知客体过程中积淀下来的主观认识结构（后来列宁在《伯尔尼笔记》后半部分实现认识飞跃，精当地将其评点为实践积淀为逻辑的"格"），直接武断地客体化为世界的本质。如果我们只是用"物质"或"客观事物"的概念去替换一下，这并没有改变这种辩证法逻辑的唯心主义本质。这也就是说，当我们直接将从质到量、从现象到本质的"格"等同于客体的本然结构时，也就无意识地犯了一种**隐性**唯心主义错误。

马克思《关于费尔巴哈的提纲》的革命意义，就在于他发现了人的认知结果并不直接映照客体对象，而是通过一定的历史性的人类感性活动——实践的中介后的结果。

人只能在一定条件下的实践棱镜中，才能历史地、现实地、具体地反映客体对象，我们获得的世界图景永远只能是透过**实践之构序**的历史认知结果。这样，客观辩证法就一分为二，前提是客体辩证法，而中介是实践辩证法，主观辩证法是通过客观实践结构才有限地反映客体辩证法的。

实践辩证法是全部客观辩证法反映到主观辩证法中来的结构性和进程性中介，客体辩证法必然在人的实践活动中得到**客观的逻辑重组**，客体的联系和结构通过人的客观实践有序性发生**历史性的再构**。所以，主观辩证法只能反映实践辩证法折射过的客体辩证法和它自身的运动过程。这样，主观辩证法的本质逻辑就不是一般的客体结构，而是**实践的结构**。也是在这一点上，人的辩证认识、辩证的逻辑运演必然统一于实践的客观辩证法。

整个人类社会历史领域中的确有人、物质对象等基本客体存在，但社会存在主要不是指实体，而是指主体与客体的相互作用在一定历史条件下形成人的创造性物质活动系统。

历史的实质不是物体上年轮的量的增加，而是社会主体实践**流动的创化绵延**。所以，社会的本质不能仅仅停留在物的机械性上，而是要从革命性和辩证性的角度把社会存在看成一团"永不熄灭的燃烧着的活火"（赫拉克利特语）。

在一定的社会历史条件下，人们的实践创造着历史，但同时也被特定的客观前提所制约。人们的生存状态实际上取决于人们对客观世界的**实践功能度**（即实践主体现实改变客体的程度），人们在多大程度上改变自身与客体的关系，以及主体之间的关系，也就在多大程度上创造出自己的社会存在。实践功能度是人们在一定历史时期实践活动的特定有序性，即在什么程度上能动改变、支配对象和自己的能力标定点。实践功能度是全部人类历史运转特定实践信息编配有序性的基点。实践功能度是一个不断生长出来的动态规定。这是一个历史的**实践负熵增加的标度盘**。实践功能度是一种隐性社会系统质。实践功能度不是社会历史现象中的显性规定（它不仅仅是物的积聚），而是表征历史主体实践深层功能结构的隐性规定。

社会实践场也就是指社会实践中主客体相互建构作用，主体共振所产生的客观效应整体，这是一种现实存在的实践作用场。社会实践场是人类认识场的对应基础。这是一种非实体性的人类总体物质活动过程。社会实践场不是指实体性的存在，而是指主体对客体的历史投射，一种人类社会主体创造性物质活动所形成的客观的势。主体与客体都是在实践场中获得历史的系统质的。在历史发展过程中，不是物决定社会，而是实践的相互作用场制约物，同样的客观对象在不同的实践功能度的作用场中，其根本性质是不同的。主体也是如此。

社会实践格局正是一定社会实践场的**支配性功能结构**，也是现实社会生活发生特定实践整合的结构性制约基础。实践格局是社会历史的**深层制约结构**。社会实践格局不是某种实体性的固定结构，还因为它本身是内化于实践活动之中的**接合性突现关系系统**。实践格局只存在于活生生的客观实践中，它在一定的历史情境中的主体与客体、主体之间的交往中**整合建构**实现，并随着一定历史条件的丧失发生**解构**。实物工具不过是实践格局的"化石"，实践格局本身只表现为一种功能性的突现结构，也是实践格局的接合性突现导致一定社会存在的突现。

马克思的哲学新视界不是强调历史过程中的物质实体，社会进步不是物的进化，社会生活的本质正是突现式历史发生的**实践构序**！实践构序是指人在现实的实践生产活动中不断地历史构造出一种不同于自然序的新的人类生存有序性。这种新的有序生存结构的历史发生、功能性建构和解构就是生产力发展的本质。有序的实践场、有序的实践整合和有序的实践格局都基于这个现实的、历史的、具体的人类社会实践创造和构筑的有序性。实践正是人历史地改变物质环境和自身条件的创造性物质活动，即一种带有特定结构、历史地负载和编制物质，并且具有意识调控系统的主体性社会活动。实践是一种构序的历史活动，这是历史进化的唯一源泉。

实践整合是一种有结构引导的定向的总体化过程。人们在一定历史条件下总是按照一定的方式进行活动，这种总体生活方式就是历史实践的动态格局。实践整合是在一定的社会实践格局的整体统制下的有序总体化过程。更确切地说，实践整合是一定实践功能作用的实际发挥。实践整合是历史走向特定社会结构的带矢量的有序运动，实践整合的实质在于人类历史实践负熵的有效增长。所以实践整合也是人类社会历史中特定"耗散结构"形成和维系的主要内源。

处于一定历史条件下的动态实践格局，往往是以其"常规性"的惯性行为系统量的扩展来保持自身质的肯定状态和渐进过程的。实践的总体发生一般都是从构序的创造性转向特定格局中的稳态运转，从建构性格局潜化为惯性的隐框架。**实践的惯性运转**是实践格局的同质性再生和循环，这才是实践总体发生的一般性存在形式。这也就是马克思所说的，在一定生产方式下，人们每时每刻再生出社会物质基础和人与人的社会关系的含义，或者说每时每刻重造出社会存在的意义。人们并不可能每天更换一种生产方式，在一定的历史条件下，社会只能在特殊的社会生产结构下被重新复制出来，当然这种复制每天都包含有新的变化，但这种改变都是为一定社会实践结构所制约和"允许"的。

从历史上看，任何文化现象都仅仅是一种社会活动的**场景效应（心态）存在**，其自身特质的**显性存在**已经是**他物**。文化是显在于多种社会生活中的功能样式或特质（狭义的文化直接体现物首先是全部社会意识现象），所以离开了活生生的社会生活，文化就是无。可以说，文化本身就是一种隐匿很深的社会精神结构，即我所说的**隐性文化心态圈**。

远古时期，当古猿举起石斧砸断自然的锁链时，人类带着一种神秘的光轮从物的世界中步出。在社会生产的物质交换过程中，在动物高级心理活动渐进的中断上，突现式地产生了这个宇宙中的"最高精华"——作为人类主观现象的意识。这样，以往需要通过操纵实物才能完成的获取信息的过程，就被一种神奇的思维过程所代替了。

康德把培根的科学是"拷问自然"的思想深化为人类自觉地运用理性框架来整理编制感性经验材料的过程，科学的实质就是"向自然立法"！这也就是说，**我们以往看作自然规律的东西都不过是"人造的"东西，至多是人类认知主体作用于感性对象的结果。**

完形心理学反对冯特的感觉元素还原论和知识积累说，并把那种简单地连接知觉并决定心理整体的统觉理论发展成一种心理意识现象的**深层整体制约理论**。他们第一次提出了心理感知场的问题，指出了心理现象的发生和发展是由主体意识内部的某种结构制约的，而各种心理现象的确定和稳定状态（心理态势）都取决于特定意识背景的整体决定。

波普尔从现代科学史的角度重申康德的论断：从来就没有纯粹的观察，任何实验的观察都必然是依据一定理论参考系的观察。在这一点上，波普尔和皮亚杰完全走到一起去了。在他们看来，人类认识活动都是在特定的理论框架制约下发生和发展的，一定的理论深层结构（或称科学认识结构）始终决定着特定的认知活动，而这种理论框架的认知参考坐标系的改变也必将引起全部知识活动的格式塔转换。这就是现代哲学认识论的**理论框架决定论**。

人类总体认识结构是一个复杂的理论系统结构，它由特定的科学理论框架、社会意识形态、社会文化系统以及总体思维方式，按照一定的有序关系历史地组成和运动。其中，**科学理论框架可以说是全部人类认识结构的基石，一个历史时代的整体思维归根结底是由科学理论框架决定的。**

科学理论框架由一定科学理论的各种相互关联的理论参考坐标系统构成，它不是一些理论定理和抽象原则的总和，而是一种功能性的动态系统结构，并以**特定的互动状态的功能特质网表现出来。**人们总是在一定的理论结构中从事理论认识活动，科学理论框架历史地规定着人们的理论视角，指定认可的经验整理规则，编制各种理论逻辑运行的程序，从而成为支配认知过程中一只巨大的"看不见的手"。

一个历史发展着的社会实践格局（包括在生产实践基础之上的其他同构的社会实践结构）是全部意识框架（认识结构）现实的直接制约基础。人们只能按照人类的实践活动的水平、视角、广度去认知客体。所以，科学理论框架的直接基础只能是一定历史条件下的社会生产结构，而在总体上则受到整个社会实践格局的制约。科学理论框架的结构性整合机制正是基于一定历史条件下社会实践格局的现实整合过程。科学认知的选择性不如说是实践格局的历史选择性。正是实践格局的特定有序结构决定了科学理论框架的同构有序结构，正是实践格局最终制约着科学真理的形成。

在现代　科学越来越成为社会生活的主导力量。科学实践已历史地成为实践格局的决定性环节，人们已经开始不再按照一般生产的模式去活动和生活，而是按照科学的标准化和合理化去活动和生活。科学的实践结构正在成为社会实践格局的主导性基础，并开始决定着实践格局的基本性质。

主体不等于精神现象，客体也不就是物质世界。这是因为，意识现象是人的主观认知活动的一个总体概括，而主体则是指能实践能认知的人；物质现象是指人的意识之外的一切客观实在，而客体则是指进入人的实践和认识范围内的物质世界，它是一个不断被构成和创造的人的物质世界。

古代的怀疑论者也曾否认过感觉经验的可靠性，他们是从个体的主观因素出发的，如一个人对风的感受，在发疟疾时和正常时是截然不同的。后来，休谟已经认识到知觉的形成受到超出个人范围的各种因素的影响，如情感、社会习俗和意识形态。而皮亚杰更进一步地指出，人的感性认识（指非个体的总体人类认识活动）的形成更主要地会受到一定的理论规范的制约。这种观点在波普尔一派的历史主义学派哲学中已有所表述。如波普尔认为"理论先于经验"，就是指任何经验（实验）的观察都自觉或不自觉地受到一定的理论参考系的影响。对同一个现象的观察，在牛顿物理学与爱因斯坦物理学的理论体系中，会得到完全不同的经验分析材料。

皮亚杰认为，认识的结构不像康德所描写的那样，是一种先天存在的等待着去整理和对付感性材料的空架子，也不是像黑格尔所武断地设想的那种与个体意识无关的逻辑框架。认识结构是在个体认知发展过程中逐步形成的，并且这种认识结构从一开始就表现为一个**能动的行为格局**（action-scheme），而最终则发展成为一个不断建构的逻辑格局。

马斯洛几乎解开了人本主义的逻辑死结，弥合了**应该**与**是**的历史二歧鸿沟。他主张在事实和价值之间架起桥梁：应该性由事实性创造，应该是事实性认识的一个内在固有的方面。

看一下思想史我们就会知道，人类认识的进步正是通过新思想、新范畴的出现才实现的。之所以在我的研究中常常会有新术语（不少甚至是我自造的），主要是由于我感到传统哲学解释框架中相当多概念的含混性，这实在无法精确地表达我的观点。

"回到马克思"在我这里不是一句空话，而是以对马克思文本的重新解读为开端的。这是一种我称之为"廓清理论地平"的努力。

传统哲学解释框架最大的非法性，就在于这一诠释体系不是建立在对文本的历史的、具体的精心解读之上的。去掉这一特殊时期留下的"违法建筑"，使马克思、恩格斯建构哲学新视界的原初地平显现出来，我们才有可能回到马克思的真实出发点，再由此向前走。

提出似自然性和物役性，并不是简单地诠释马克思的文字，更主要的还是在界划我们与西方马克思主义、新马克思主义的异质性，主要是回答弗洛姆、阿尔都塞、沙夫、科西克和广松涉的问题。

在资本主义社会中，经济力量暂时地、历史性地成为支配人类主体的主导力量，这是一种历史性生成的经济**物役性**现象；而在社会历史的发展进程中出现了类似自然界盲目运动的自发社会现象，这是特定历史条件下形成的**似自然性**现象。

马克思的科学历史观，首先揭示了人类社会历史发展的一般**基础**——客观物质生产，科学说明了历史辩证法的客观规律，这是历史唯物主义的客体视角（也是马克思历史观的**广义**层面）。在此前提下，马克思还从现实的人类社会主体出发，探寻了不同社会历史时期中的**主导**因素。在对人类文明史的考察过程中，他指出了在社会**经济**形态中，经济力量是不以人的意志为转移的决定性和支配性的主导因素（这是马克思历史观的**狭义**层面）。但是，这并不是人类社会历史发展的**永恒**状态。

赫拉克利特的"火"与泰勒斯的"水"，**与其说是直观的感性物质，还不如说是一种人化的抽象本体**，因为这里的"火"和"水"只是以温热和湿润表现出来的生命活力！这正像中国古代的"气"不是自然空气一样，同样是一种人化的抽象本体。在这个意义上，赫拉克利特的"火"和泰勒斯的"水"与埃利亚学派那种绝对的"一"和柏拉图的"理念",在哲学逻辑层面上是一致的。

异质于农业文明的工业生产可以被视为人类主体**现实地**全面征服和支配外部自然的真正开端。

马克思并不是天生的马克思主义者!他与我们一样也是一个活生生的人,有着自己火热的青春,有着常人都曾经历的成长过程。他的思想之绽放亦是如此,同样经历了萌生、断裂、充实、蜕变的复杂成长过程。

古典经济学已经发现的全新资本主义的社会存在基础,是工业文明和商品-市场经济创造出来的复杂社会关系存在。因为,工业生产开始创造自然存在中没有的**人择物质塑形方式**,而由充分劳动分工导致的市场中劳动交换关系之**客观抽象**，则生成了价值等价物的历史构式结果——货币和资本，其逐步**在社会存在的本体中篡位为财富本身**。作为关系存在的它不是**物**，却是在这个资产阶级王国中支配一切物和人的"普照之光"之以太。这才是马克思历史唯物主义思想构境中透视整个人类社会历史的真正现实基础，也是他所说的"人体解剖对于猴体解剖是一把钥匙"一语的真谛。

3

长期以来，在对待马克思的同时代思想对手和同路人时，我们惯常的做法是将一切非马克思主义思想家的学术水平贬低为一杯白开水，似乎这样做才会让人们知道，只有马克思的东西才是真正的思想浓汤。可是人们没有想到的真相是，当我们将马克思面对的思想语境畸变成白开水时，所谓的"浓汤"一定是淡而无味的。这就是白开水与浓汤的辩证法。

思想发展史中最本真的东西恰恰是存在于话语的断裂处、栖居于话语布展的边界以及活跃于理论逻辑中的独特的异质性。

笔记是我们了解马克思各种思想**原发因素**的重要文本。因为在这些笔记中，我们可以直接阅读到马克思、恩格斯在对一些学术观点的摘录中的理论意向性、最初的评论以及由评论所产生的写作计划和构想。并且，从中我们还能找到马克思各种思想**最初形成的理论激活点和渊源性线索**。这些重要的原发性理论边界，是我们在一般理论手稿和论著中所无法获得的。

手稿是马克思理论创造的原始地平，因为这是马克思自己**弄懂问题、建构新理论的思想实验室**。其中，我们能真切地看到在马克思思想形成中许多**没有经过修饰的本真语境**，从而能更清楚地把握他的思想发展过程。

列宁认为，不读懂黑格尔的《逻辑学》，就不可能真正弄懂马克思的《资本论》。而我们则需要将这种界说翻转过来，即没有真正理解马克思的经济学研究思路，就不可能完整地获得对马克思哲学内在逻辑进程的科学认识。

从文本解释学的语境上看，任何文献都不具有直接现成的可读性。只有在充分彰显作者创作文本的原初背景视域后，历史的解读语境才可能真实呈现出来，也才具备读者解读视域与之整合的前提。

关系本身是无法直观的，而只能**通过抽象**来把握。

工业**第一次**直接突现了社会存在的非实体性，说明了社会存在是由人的活动构成的。这种客观存在本身并不能直观，而只能通过抽象显现出来，社会存在的本质（关系）与运动规律更是如此。斯密从交换关系中指认出来的劳动价值论，实际上是**社会存在本质论即社会关系**。

斯密的**看不见的手**，在哲学历史观的逻辑层面上，就是**第一次在现代社会经济过程中确立的不以人的意志为转移的社会经济结构和客观规律**。当然，这个立论同时也直接导引出资产阶级自然意识形态的两个最重要的方面：一是这种自由经济的自然性和公正性；二是由此引发的资产阶级社会生产关系的天然性和永恒性。

基督通过引人指认现世的物欲与罪恶，使人出世而达及彼岸的上帝之城。与此相反，所有的启蒙思想家则都让人从天赋人权中看到现世生活在神学强制下的自否性，因而主张更加入世地舒展人的天然本性，这个人间天堂就是资产阶级社会的实现。费尔巴哈进一步证明了神学的上帝之城不过是人的本质的异化，那个基督教的"应该"只有回落到人间大地才能真正得以实现。可见，**正是这种"应该"与"是"的逻辑矛盾**

才导引出一种强烈的批判张力。同样，青年马克思在1844 年的劳动异化理论中诚然已经开始批判资产阶级社会．但其深层逻辑仍旧依循这种旧式的人本主义思路。马克思提出，劳动才是人应有的本质，而被资产阶级视为人间天堂的现实的资产阶级社会私有制仍然导致人与自己本质的异化，所以资产阶级社会应该被打倒，共产主义才是真正的人道主义的实现。总之，马克思所提出的作为"历史之谜"的六大矛盾，其本质还是"应该"与"是"的矛盾，其逻辑思路的内驱力还是**价值悬设的超越性**，所以从根本上说，这种从先验本质出发的方法还是隐性唯心主义历史观！

马克思新世界观中已经没有旧式的本体论,这里的"本体论"只是在承认自然物质的基始性的前提下，人们面对客观世界的一种历史性视角，它**绝无将社会存在视为世界的本原之意。**

如果说，农业社会自然经济中的物质生产的本质还只是依附于自然运动之上的经过加工和获得优选后的自然产品，人类主体还是自然过程中的被动受体，那么，在现代资产阶级社会商品经济中，经济世界已经成为人的工业生产的直接创造结果，工业实践活动及其实践结构已经成为我们周围世界客体结构的重要构件，自然物质对象第一次成为人类主体全面支配的客体，财富第一次真正摆脱自然的原初性，而在社会实践的重构中成为"社会财富"。我们不再在自然经济中简单直观地面对自然对象，而是能动地面对工业实践和交换市场关系的产物。**物相第一次直接成为人类实践的世界图景，人们通过能动的工业（科学技术）实践，更深刻地超越感性直观，掌握周围物质世界越来越丰富的本质和规律。**这才是马克思《关于费尔巴哈的提纲》中实践标准的真实社会历史内涵，也正是在这里，康德的现象学认识论和黑格尔的唯心主义认识论才被彻底驳倒了，他们的认识论中最重要的合理内核才被科学地批判继承了。

当马克思铿锵有力地宣告人的本质在其现实性上是"一切社会关系的总和（das Ensemble）"时，他实际上也宣布了一个新的哲学时代的到来。马克思哲学新视界的初始地平在这里出现，在这里定格，在这里缓缓向我们推进，这就是**对人类主体、人类社会实践及其观念的历史的、现实的、具体的真实限定**。同时，也正是在这里，他才真正改造了黑格尔的历史辩证法。黑格尔那种在实质上是具体的自我发生运动的观念逻辑，现在成了属于**一定的社会形式（bestimmten Gesellschaftsform）**的个人及活动，成为具体的社会产物，成为暂时的、在一定现实性上的人对自然、人与人之间的社会关系之总和。这个以"一定的（bestimmt）"人类社会实践为核心的**历史**唯物主义方法，才是马克思哲学新视界的真正秘密。

人类历史的现实起点是物质生活资料的生产，这也就是说，人类为了创造历史，必须能够生活，而生活的第一个需要就是吃喝穿住这样的物质条件。要获得这样的物质条件，人就得以不同于动物的活动方式创造出全新的生活条件，这就是物质生产。也由此，人与动物的根本性区别，就在于获取生活资料的方式不再是对自然物的现成采用，而是创造性的物质生产。**这是历史存在的永恒的自然必然性**（Naturnotwendigkeit）。显然，马克思对历史的原初规定首先是人的**客观能动性**。这是人类生存的**本体与基始**。这既不是笛卡尔-黑格尔的我思故我在，也不是费尔巴哈的我感性故我在，而是**我们生产故历史在**！

彻底的唯物主义必然是革命的历史辩证法！从一定的有时限的具体现实出发，必然会通过发现所有人类社会具体存在的历史性、生成性和暂时性，进而达到对客观现实的科学批判认识。

决定某个时代性质的东西恰恰是一定社会历史条件下的物质生产与再生产的状态和水平。现在我们可以清楚地知道，马克思这时在面对任何事物与现象时，**不仅看到物质第一性，而且着眼在现实社会历史的一定联结中把握这种基始性**。历史唯物主义的前提，不仅仅是社会存在决定意识，而恰恰是**一定的时空联结中的社会生活决定一定的意识**！这也是马克思历史唯物主义中历史概念的真正本质！这才是马克思最终超出一切旧唯物主义的地方。

在历史唯物主义中，社会生活现实主要不是指物体，而是被确定为一种客观社会活动。社会存在只发生于人的社会性相互活动中，在人的客观物质实践中历史地被建构与解构。如果有一天人们不生产、不交往，那么**人的**社会历史存在就**不复存在**。在这个意义上，历史唯物主义所指认的社会生活中的**物**是极难理解的。这种社会存在"事物"，主要是**由人的活动，人在活动中形成的功能性的社会关系与结构构成**，这些关系、结构以及社会过程中的规律也同样是由人的每时每刻的活动建构与解构的。所以，社会生活中的每一种社会现象都不是实体性的，而是功能性的。它们可以事物化，但这种物的替代物也必须处于活动的特殊功能之中，否则即失去其特定的**社会系统质**。

历史辩证法不再立足于观念性的价值超越，而立足于"解放的物质条件"，原来人本主义的"应有"

与"现有"的矛盾在一种历史的现实可能性——"能有"（Moeglichsein）中统一起来了。任何批判不再外在地对峙于现实，而只能从现实的解放可能中引导出来。

马克思此时离开理想化的"应该"回到现实的"是"，不是要简单地唯物主义地反映现实，而是要真实地改变这个"是"。同时，这种改变不是从哲学或伦理的"应该"引出，而是从现实的"是"中引出科学的"应该"。简而言之，马克思理论思路中这种新批判张力的基点可以概括为一种新的理论质点："能有"。这个"能有"实际上也就是从现实中生成出来的**进步之可能性**。

一般物质生产是任何社会存在和发展的基础，这是永恒的自然必然性；而物质生产形式发展到现代商品经济方式之后，很大一部分经济活动是由市场竞争的交换系统生成和建构出来的流通与分配的中介性过程。它是一个巨大的**中介结构**，人与自然、人与人的关系在这个中介中发生事物化和颠倒，资本主义生产方式中本来在生产之上形成的东西却成为主导性的东西、决定性的东西。简而言之，在现代商品经济活动的表象中呈现出来的似乎主要不是生产，而是**价值实现**。一切都必须实现为货币。于是，人们创造出来的一种经济活动中的**中介性工具**现在却成为高高在上的**神**。它的神奇性，在于当它能带来更多的货币时，资本就作为**上帝**出现了。在这里，马克思实际上通过抽象出资本（"普照的光"）的生活关系，才第一次科学地确认了**资本的**"主义"（Kapitalismus）这种全新的社会生活方式。

资本主义生产方式在社会化大生产中、商品经济在市场的竞争与交换中，似乎不断实现着某种客观的从"多"向"一"的抽象转化：首先是以工业为基础的生产**一般**（标准化和齐一化的初始发生），无差别的劳动**一般**（抽象劳动的基础），然后是市场交换中必然出现的价值**一般**。价值（等价物）交换（同一性，Identität）是人们在社会生活中真正的"类"（劳动）关系，价值（通过交换价值表现）的出现是人类社会走向抽象整体性的真正开始。从劳动到价值、货币再到资本的过程，存在着一个完整的**客观抽象的历史逻辑**。只有在资本主义生产方式中，资本才成为当代社会存在中"普照的光"。这种过去神幻中出现的"上帝之城"的"一"，现在由工业历史地创造出来，但这一次不是绝对观念的世界历史，而是资本开辟的**真实的现实世界历史**。

马克思旨在说明资本主义社会存在的历史性和暂时

性的方面，因为它本身就是一种历史地变化着的现实。正是这种历史性的现实，在资本主义商品生产和市场经济中产生了一个巨大的**多重颠倒**的复杂结构。在这里，本质被假象遮蔽起来：真的成为假的，假的成为真的；虚的变成实的，实的变成虚的；主体物化为客体，客体翻转为主体。资产阶级政治经济学就是在这种事物化的经济现象中形成它们特有的**拜物教意识形态的**，即将资本主义生产方式特有的社会历史存在直接设定成经济运行本身的自然的客观属性，所以，资本主义经济运行相对于人类生存的本质颠倒，直接被指认为人的天然本性（"自然法"）和社会存在（生产）运作天经地义的正常形式（"自然秩序"），如此一来，三大拜物教就会是其逻辑发展的必然结果。

在远古时代的自然崇拜和图腾意识中，拜物教是对外部自然客观物或神秘力量之崇拜，而在马克思这里，它则主要是指认一种人们**无意识发生的对社会存在物（关系）的崇拜，并且是颠倒了的物相（假象关系）**。

马克思在批判资产阶级政治经济学、建构和实现自己的政治经济学变革的同时，不得不寻求一种新的出路，即超越资产阶级古典经济学的事物化意识，在科学批判的起点上形成更接近社会历史本质的**科学认识论**。实际上，这种科学认识论也就表现为不断深化着的历史唯物主义的哲学逻辑，即以狭义的历史唯物主义和**历史**认识论为前提的批判的**历史现象学**（*geschichtliche Phänomenologie*）。

广义历史唯物主义是关于社会历史发展一般规律的理论，这主要体现为物质生活的生产与再生产是社会历史生存和发展的基础，一定的生产方式决定人类社会生活的本质；而狭义历史唯物主义主要是马克思在狭义的政治经济学即对资本主义经济生活研究过程中，针对**经济的**社会形态生成与发展的特殊规律而形成的理论，它主要体现为经济关系成为社会生活主导性的方面，人们为自己创造出来的物质力量所奴役。

4

美往往未必真能成为现实。一旦它重重地落到贫瘠的土地上，成为一种人为强求的**同一**的东西，即使是以至善的名义，且真的浪漫、激情，然而却总伴着现实中不幸不美的血和泪。

解读不再是传统的信码接受，而更多地依靠读者的学识储备和创造性的思想再建。由此，解读文本就成为当下全新的理论**构境**。

战栗地仰望与平等地撞击，结果会很不同。

上帝因亚当和夏娃在伊甸园中吃了智慧果，罚他们坠下凡界与罪恶为伍，启蒙是为智慧（知识）重新正名，并指证我们这个世俗的此岸世界就是理性的天堂。也就是说，启蒙是人通过握有认识事物本性的理性工具（知识）而一跃成为现实世界的开悟自明的"主人"。

原来是人通过异化的上帝在幻想中统治世界，现在世界的主人换成了工业中真正掌握了强力的**人**。

当上天不在了，人成为**人神**，为非作歹。世俗化骨子里最大的一个问题就在这儿，一个没有彼岸世界的人，实际上是没有灵魂存在的。

启蒙是什么？人成为独立的精神存在。通过知识教化，我们能够成为不再听命于上帝和客体力量，独立面对外部世界的主体。欧洲资产阶级最大的贡献是什么？

释放人格，形成独立的个体。

在启蒙的逻辑中，凡是不能被量化和归一的东西，都是要被**祛魅**的。

启蒙否定中世纪那种神对人的外部强制，却建构了人对自然的理所当然的暴力强制。在启蒙意识中，人对自然的不平等关系倒是被从正面认可的，这种奴役是被作为**胜利**来歌颂的。

夷平化在这个社会当中只有一个水平线，这就是金钱。所以一切过去的等级，随同专制全部消失在金钱的地平线上。

资本支配是以市场的**间接形式**出现的，**非人格的力量**进入当寻人之间，以至于人们不能识别其具体的支配者，因而也无法对其进行伦理（革命）要求。这可能是全部布尔乔亚公平观的秘密。

资本的市场运转与看似中性的工具理性这种**非强制的奴役**，比历史上任何一种外在的专制统治都要牢不可破。因为它的发生常常以进入市场和科学（知识）话语的**主体自愿**为前提，出发点上的平等和自由，使被奴役者在不平等的结果面前自饮**活该性**；而这种自发统治本身的运作具有客观的**匿名性**，这也使被统治者丧失反抗对象。

在泰勒制式的生产、交往和行政加工的流水线上，人必须丧失主体性，必须没有灵魂，并将受意志支配的肉体变成对象性的工具。

在大量无法掌握的合理性的科学技术和专业知识面

前，人已经没有能力通过他们的感官去真实地面对这一新的客体世界。机器越来越聪明，越来越能干，人则越来越笨，越来越无能。

没有理论的大众恰恰是今天世界中发挥作用的巨大力量，当然，这是一种极其可怕的消极物质力量。人变成物，社会历史存在变成第二自然，世界畸变为幻象。在科学管理的匿名统摄下，当代资本主义的所谓"公正""平等"和"自由"的统治得以稳定地持续。这是世界历史真正成为**资本的全球化世界历史**的硬道理。

唯心主义是斯芬克斯之人面与狮身的断裂，是精神脱离自己的物性基座所发动的政变。主观精神忘记自己正基于作为主体的另一半（肉体），它有意无意地回避这样一个事实：客体不存，主体必灭。这一点，绝不会因主体获得的霸主地位而有丝毫改变。

美景常常容易造成遗忘。

人们常向哲学家提问：你有什么**用**？在这个声色货利的功用价值世界中，哲学家真的破落了。当然，与哲学家一起赴死的还有同属于圣性世界的诗人和神性。

实证主义将本不是具体科学的形上哲学畸变成了一门**跟着市场中心讨好着利润讲废话的具体科学**。

作为思想之思想的形而上之哲学本身，自柏拉图开始就在建构一个同一性的概念**等级**王国，在某个被奉若神明的第一性的本原概念的统领下，才形成了**分有本原**的不同属类的下级概念，这是一个等级森严的专制王国。

贝多芬的交响乐，不同的乐章会呈现极丰富的非同一性，可是这一切都是同一调式、同一主题的矛盾性布展与变奏，而不会出现真正的打破调式和主旋律的非同一性。

在资本主义现实中，体制就是由市场的价值交换自发形成的同一性总体。与封建专制那种可见的外在同一不同，这种同一性不再是一种外在的强制，而恰恰是在主体和客体两方面的无意识构成。**自发自然**是它的建构机要。

只要哲学还在同一性的总体逻辑之中，哪怕它具有再大的颠覆性，也仍然是一种骗局。

概念拜物教总是我们对自己的一种强暴，即**自役性**。只有醒灭的我们才能拯救自己。

韦伯干脆说，物相就是本体存在！在这个意义上，祛魅就是告诉我们现象就是本质。

相对主义必然要走到自己的反面，它无意识地成为一种与统治同谋的**禁令**：**什么都反对就是不反对**！

让人们只关注**形式和表面**发生的东西，而忽视和不去追问现象背后的真相，是伪饰"价值中立"的资产阶级意识形态最重要的方法论要害。资本主义精神的合理性是形式（工具）合理性，市场的交换原则是形式（出发点）上的平等，法律是形式（手段）法，政治结构是形式主义官僚制。总之，形式的合理性（合法性）、方法程序上的科学性即是一切！

在历史上，自然经济的生存规定是由土地的不动产性所制约的时间**持续和循环**，这是一种实体性的无时间性。按理说，资本主义工业最重要的进步，是在超越土地的凝固性之上造就出一个巨大的人工物质系统，这也第一次形成了一种人类社会存在的**无限流动的**历史性生存规定。这一点，在启蒙思想反叛中世纪的神学构架中突现式地展现出来。可是，与任何统治阶级意识形态一样，为了维护资本主义体制的不朽，资产阶级意识形态必然要重新在遮蔽历史性生存中再造出非历史性和无时间性。明明工业与后工业生存的最大特点就是历史性变化，布尔乔亚却总是要将自己装扮成自然的、永恒不变的东西。

市场机制的甜蜜强暴不再是封建专制那般实体性的可感可识，"看不见的手"是功能性的自发建构，它自然而然的无形性却是不可反抗的。

作为无个性的量化的主客体，只有听命于"最佳资源配置"客观制度的结构化统治，而人所建构出来的但存在于自身之外的异己的社会力量，一种铁一般的**他治秩序**以其合理性的形式获得了空前的合法性。**一切都是合理的，不合理的只有自己**。由此，外部有击点的痛苦内转为自责的焦虑。

什么是痛苦？可见的东西是痛苦的。你不让我说，我痛苦，因此我可以反抗你。我在让你说、让你做所有的事情的过程中支配你。当在这个社会中，你过得不好的时候，一切都是合理的，只有一个想法，我无能。其结果一定是自我的焦虑。忧郁症就是在这个过程中的一个自然的结果。焦虑是什么？你根本不知道你怎么了。看不见的支配就在这儿起作用。

没有外部结构的控制是一种更深的奴役！直接的强制变成了间接的甚至是被认同的非强制的管理，能够感觉到的有形式的压迫转化为一种感觉不到的无形的弥散性的钳制。这是无法打破和反抗的更深层的奴役。

人类之初，无论是古希腊的存在观念还是东方古老的形上之"道"，都是那时极狭窄的主体视域中并不清晰的对自然现象背后不解之谜的粗陋**估识**，它们可以**什么都不是**，也可以**是一切**。

现代市民社会中的人不是主体，是人口，是法人，是角色，是被测对象，恰恰不是作为历史主体（目的）的人。若谈及人，至多也是机器攫住了脖子、镂空了全部质性的**物化人**。这种物化人，也是韦伯、法约尔和泰勒**科学管理**（统治与操持）学说的前提。

个人可以反对抽象的客观总体，拒绝去反思市场背后的客观经济规律与市民社会的真正本质，但他们自己只能在承认表层经验事实的过程中重新**不自觉地**服从于这个看不见的总体。伪托拒绝形而上学，正是为了让人们**在直观中受拘于奴役性的现实**，这是一个实证主义铁幕下的主体悲剧。

商品-市场经济是由人所创造的经济（关系）现实，但这种现实逐步历史地发展为人之外的反过来支配主体的"自在之物"。人们在自愿接受市场法则的时候，并没有意识到这是更深的奴役，特别是当人们将金钱（资本）作为神一般地供奉起来的时候，这种魔法是最具神奇力量的。

反对的合法性是更深的不可反对性的保证。

时间就是金钱。人的历史性生存的时间性首先物化为物理的持续性，然后再将这一异化了的生命线段的每一碎片都用功利填充起来。在一定的意义上可以说，操持这种哲学的人们从来没有睁开过**人性的眼睛**。

固然无望，可是我们还是要抗争，哪怕在这个物化世界中被认作不可理解的傻事。**抗争于不能抗争之境，期望于没有希望之中**，这正是生命的意义，也是形而上学真正的使命。

在一个邪恶占了上风的世界中，抗争是哲学唯一的出路，这也是那些还在**赌上帝存在**的人之真使命。哪怕在物化了的人们眼里，这是一群不识时务的"傻瓜"，每天淌着血汗使劲向上推着西西弗斯之石，不断滚下的巨石时时挤压在他们弱小而不屈的肩上，可正是因为还有这些拒斥异化的"傻瓜"，这个令人绝望的世界才有了真的希望。

5

对中国人来说，生活从来没有像今天这样剧烈地被撕裂着。在物化市场的魔域中，生存已在照亮了宗法土地的太阳（理性之光）阴影中断碎为两节：一种是在这个沙漏般的竞争世界中悬临于空中的"成功"人士（过去叫"布尔乔亚"），另一种则是跌落入沙漏底层的"弱势"众生（过去叫"普罗泰利特"）。在第一种人那里，可能银行里有无数的金钱，故而，"他"会开着豪车、拥着美人，身上甚至还揣着博士学位证书，并拥有众多令人仰慕的学术头衔和官职，在生活舞台的重重射灯照射之下，他诗意地"在"着。[1]而在第二种人那里，炫目灯光下功成名就的"他"成了"我"毕生不懈奋斗的镜像，"他"就应该是"我"。这种"他"对"我"的理想性自居，使十分羸弱无力的"我们"更加举步维艰，一次又一次，我们在泥泞的沙漏边缘攀爬、滑倒、再攀爬——如加缪笔下那个荒谬布不屈的西西弗斯。"我"，永远向上推举着不断落下的生活巨石。

对第一种人来说，你以为你是人，可是你可能真的不是。这个真相只是在金钱散去、香车美人飞离时才突然显现。也许，会是在"他"离位退职后面对一杯无

---

[1]　在拉康的语境中，这个"他"同时也会是大写的"她"。但在今天的中国，大多数所谓"成功人士"都是男性或迫为亚男性的"女强人"。所以，我们此处仅以父权制中的"他"为指认对象。

人问津的清茶时幡然顿悟的。而对后者来讲，穷尽一生，"我"总以为自己还不是"人"，犹自固执地向着第一种人的镜像埋头奋斗，却浑然不知与之苦战的堂吉诃德式的风车和西西弗斯之巨石的真在。

正确认识自己，认真对待我们存在中的物化和异化之疏远，自省生命中的能指之漂浮和本己的不可能性。那样，这个世界上大抵真会少一些不自知的疯狂和精神分裂。

斜视中的思之意外总是来得真诚，因其构境之突现中没有装出来的故意伪饰。

真实，总是在一种试图自我标榜的概念塑形破裂之时才突现的。

什么是自我？孤立存在的自我是没有的，这一点上黑格尔和拉康是一致的。哪有自我啊，孤立的自我是假的，所谓自我只是自我意识的一种镜像反射关系，即在另一个同样是被称为自我的他性意识当中得到承认的时候。所以，他性承认关系是自我确立的一个重要方面。

依拉康的观点，人降生到这个世界上来最早期的一个对"我"（＝自我）的体认便是镜射幻象（**小他者Ⅰ**），然后以他身边最亲近关系的**小他者Ⅱ**（从爸爸、妈妈、爷爷、奶奶、姥爷、姥姥等亲人，一直到一起玩耍的小伙伴、幼儿园老师等）的反射性面容，强迫自己成为一个他人眼中"应该"成为的"我"（伪自我）。长大以后，不在场的语言象征逐渐替代了身边当下的面容，教化式的**大他者**成了新的成年"我"（＝主体）规划和一块一瓦建构生存情境的真正原动（力）。处于社会语言存在中的"我"，只可能追逐人们都想要的东西，无从挣脱和免俗。而这些东西，都只是形形色色大他者的他性欲望。我们永远只是无意识地欲望着他者的欲望，可我们却自以为是自己的本真欲望。主体不过是一具被斜线划过的空心人。人（伪主体），从来不是他自己，也永远不可能是他自己。这种**不可能真实存在的此在**，就是人的本体论存在意义上最重要的大写的真实。

有病的其实不仅是精神病人，事实上全部的人都疯了；**人不是人，**而是披着象征性人皮的空无。

个人自我的存在本体有可能在他自己的身心**之外**。

象征性的能指成为掏空主体的杀人工具，人之存在畸变为自身无意义的能指链的流变递转。

个人存在就是一个创伤。

在个人的存在本体的原初发生中，它就是一个**空无**！

个人主体的成长不过是用镜像（想象）之无、社会（象征）之无贴在那个原本空无一物的缺位上。

个人之"我"的形成发生于一种**异化的强制性自我认同**。无论是"我"最初在世的心理"自我"的建构，还是社会生活中复杂的语言象征关系中的"主体"确立，统统是一种幻想式的**镜像自欺**。

科学不是"全真教"，任何一种知识必须证明自己有误才能进入科学的思想过程。科学知识有错，这才是唯一的真理。

人存在，但人并不是自己存在，人总是作为他者的奴性认同——**非我**而在场。

幼小个人心理自我在最初建构上，即踏上了他性的意象–想象之途，因为伪自我的基始性缘起，就是一种非我的镜像；进而，主体性在象征域中的确立，是通过能指链的暴力篡位实现的，从一开始，文化教化中发生的人的主体便是大写他者幻化的伪主体。这是一条真正的**不归途**。

所谓本己的筹划则恰好是一种内在自欺，你以为是自己的打算和理想，其实却是他者操控的无意识结果。

人总是与自己的真实存在相分离，人总**不是**他自己。其原因恰好在于他者伪先行性的强暴性篡位。

面前的这个世界已经没有了使人超拔出来的神，没有了逃离此岸的上帝之城，有的只是布尔乔亚的金钱动物和虚伪面具下的无赖。而达达主义正是要"以无赖对付无赖"，以虚无对付虚无！

知识与习惯共同维系着一种理智主体和理智化的生活，人们每天在日常生活中依据现实体制来建构自己，建构生活关系。可是，恰恰就在这种建构中，人最彻底地失却了真实的自己。

达利就是他自己的欲望，未曾被他者的欲望所引诱的本真的渴望；达利就是他自己的自由幻想，没有被知识教化收编的本真的妄想；达利就是他自己本真的存在，没有被父母亲的告诫、老师的教诲和书本语言象征性扼杀的个体生命。达利超越常规之处，是他从来不在本体存在上屈服于他者的镜像和意识形态质询。

你必须和应该**是**！这就是你的**理想**。**理想总是在他处的**。理想总是侵凌性的！

如果我们给自己心爱的女孩子送玫瑰，那这花朵也是能指，它的所指就是爱。

当一个人以为他自己是人们敬仰的学者和伟大的首领时，那也正是他的疯病迷深的时刻。只有当功名褪去，他无法挽回地成为一个孤苦伶仃的退位老人时，真相才能显露出来。那时，他不疯了，也不再自以为**是**。

主体之所以得以确立，恰恰是因为他不知道自己是一个伪主体，对自己内里的空无和他者化这个真相的无知是人活下去的坚实支撑。

能指就将被指认成一种自身被刻上无的东西，因为它不会在同一位置上被发现，也无法将自己固定或锚在同一位置上，某个能指只有根据其他能指才能认定自己的位置。所以，能指的存在总在**他处**。

言语之中，人自以为是在对某个主体说话，但实际上他只能依从能指游戏规则被其他话语窃取，在悬置的状态中任由非我的**大写他者**言说着自己。

我们不能知道自己是一个空心人，我们不能知道作为主体，自己的真相是不在场或**虚假在场**。唯有不知，我们才能生存，否则我们将在幻觉的破灭中彻底崩溃。

当人什么都不是的时候，他一定是疯了。人疯了，获得了真我，可是疯了的他将被从这世上除名。直到他将真我作为空无丢掉，再次臣服于大写的他者，他才能重新成为人们中的一员。**我不会成为我自己就是真相**。一种绝对的不可能性！

人，永远只能在他者的**面貌**中看到自己。

当我的目光从他人式的水平关系转向垂直的上苍时，上苍就在莽莽苍穹中现身了。

欲望的秘密就在于欲望不可能的事情。

欲望比无还可怕，因为它是**比真还要真的假**。

一个女孩子，在商店的橱窗里看见了一条她非常喜欢的裙子，这时候她喜欢的并不是裙子这个外在对象，裙子其实只是她自恋的一种心像，即她想象自己穿上这条裙子，裙子与自己的体形和皮肤融在一起，构成一幅想象中的自我迷恋的美景。有时，她会在镜前反复更换许多衣物，左照右照、陶醉其中。那一刻她显然不是在欣赏裙子，而是在映现自己，此时的欲望对象，其实是自恋的对象。

魔鬼并不在外部，它其实就是一个人欲望中最爱的东西。欲望出现的时候，魔鬼大他者必定同在。

所谓的消费人，就是被广告（能指）支配了全部生活的人，他的全部生存欲望都只是他者制造出来的无根的幻觉。

时尚不断翻新，其中却空无一物。

人们总在 "白马王子" 和 "白雪公主" 的想象中开

始热恋，然后在家庭生活的"一地鸡毛"里走向爱情的坟墓。

神圣世界中的真善美圣都会是世俗世界中期望之空无和**无为**。

真实不等于善，真并不就一定是好东西。反之亦然。

拉康勾勒了一幅虽十分真实却也异常可悲的画面：我们永远背负着想象和象征，无望地向上推举主体性这块庞然巨石，可是它总是不断地往下掉，但只要我们活着，我们就得不断地将主体性高高举起，尽管其实永远举不起来。这就是我们无奈的命数。海德格尔看到了这一点，并且也同样悲愤地在存在之石上打了一个叉，可是他最终还试图用良知呼唤构成本真存在的幻象，以使存在之石在本有（Ereignis）的乡愁中失重；

而德里达更加天真烂漫，他说我们可以将石头搬开，或者让石头延迟堕下，这样，我们至少可以在"踪迹"中记得石头曾经来过。与他们皆不同，拉康关于真相的结论是在绝望中向我们走来的。他说，石头的重量是一个能绊倒和戳穿幻象的东西（对象），而石头永远掉下是无法改变的真相。只不过，一旦石头落空，西西弗斯的生活便不复存在，因此，对抗性地推石头是我们唯一的存在。

波普尔颠覆了自培根以来那种实验科学的证实为真的原则，他反其道而行，提出了试错逻辑，即科学的证伪逻辑，**有错即真**。科学的标准不是**证明自己正确**，而是发现自身**包含错误**（拉康后来说，真理总在误认中抵达自己）。

在超现实的真实**瞬间中**，他者的统治突然失效，面具应声滑落，作为伪主体的人登时成为一个**空无**，一个**创伤**。

人不可能常真，真人只是疯子。

真理只是一定的能指（大写他者）的**排泄物**。

6

在过去的研究中，我们把太多自己的理解强加在历史文本之上，当我们拼命坚持说"马克思认为""列宁的辩证法"或"海德格尔主张"，并为自己的理解和认识争得真理霸主地位而吵得面红耳赤时，我们都没有觉察到，这些观念不过是我们在让文本进行当下性的**我性**言说的结果，而非**对象文本语境**的真实绽出。

构境理论不再是停留在某一种线性关系系统的统摄、先在理念支配构架之中，思想构境即完整的意识现象**突现**，它表明了一个人、一种思潮历史性生成的复杂性样态和建构性本质。

意识与思想构境的实现，其最重要的现实基础是历史性的社会生活，**实践性的存在构序**是全部精神现象真正的本体性依托。可是，思想理论逻辑本身实现为特定条件下的认识与意识则要复杂得多。信仰、情感、价值尺度，以及个体或群体的隐秘心理情结，都可能是构境的偶发性**主导**因素。意识和思想构境是一个精神生活的**全景式突现**，人们只是在写作、言说和表意情态中显现了其**可明示的**理性结构、逻辑意向和情感冲动而已。在这个意义上说，思想构境往往会是**无意识**发生的。其中，不可言明的各种**逻辑射线**在思想构境中起到了关键性的作用。

任何一种理论学术思想的本质都不是一个凝固化的逻辑构架，如同牛顿的实体性的时空构架，而是一种复杂的时刻处于变动之中的学术思想**场境**之历史性建构。思想构境的本质恰恰是**非范式**的，甚至没有可具象的死去或石化（在者化）了的概念框架，而是一种功能性的提问和思考，它常常表现为一个**易碎的、随时重构的问题追问**和**暂时性的立场支点**。其中，交织着多重负载不同时间向量的**逻辑射线、理论回路和话语异轨**过程。学术思想境的建构，通常由思考主体在运思中直接重复或激活特定的**学术记忆点**后，自觉或不自觉地依据手头居有的**他性理论镜像**或者**理论生产式**当下突现式地建构起来。思考主体与特定的理论构架或理论生产式的关系，是一种并不对等的**双向建构**。在思想构境生成过程中，理论构架或生产式对思考主体形成重复性的结构化支配，而思考主体则否定性地推动思想空间的改变，以至理论构架或生产式的质性变革。

解读已经是思想的重新拟现和再构境，而非对原初语境的还原。换句话说，每一种文本诠释，其实都是读者以文本的名义在进行一种当下性的**为我式**言说，而非**对象文本语境**的真实绽出，甚至在历来以史料客观性为追求的文献学研究中，情况也同样如此。

所谓**他性镜像空间**，是指一个人的学术思想建构中的支配性话语，主要是对作为**他者镜像**在场的他性学术思想逻辑（文本）的依存和自觉或不自觉的挪用。一般而言，他性思想构境会以一种或多种**未被激活的**理论资源（学术记忆集群）和他性理论问题式作为理论建构有意图或者亚意图的支撑构件，由此激发出一种特定的接合式的思考。

自主性思想构境，则是一个思想家开始走向自己理论成熟的过渡性的思想发展环节。在这个时期，思想家通常开始摆脱他性理论构架的支配，立足于自己的独立思考，固然还有相关的互文思考，但多数情境下都会将原来作为外在镜像的他性构架转化为我性学术思想生产。在理论生产式与思考主体的关系上，思考主体会开始较多地否定性地生成主动的建构活动，迫使原有的理论学术资源更多地服务于新的思考场景。他性思想空间中的封闭式的理论回路与简单再生产，开始受到新的思考向度的挑战，主体建构性地改变理论逻辑构架为创造性的理论**生产式**成为必然，由此，为我性的理论生产和开放式的理论回路成为思想构境的基本内容和运行方式。

独创性的思考之境，则是指思想家通过原创性的理论生产，建构自己独立的整体理论逻辑和思考空间的过程。毋庸讳言，这种情况必然多发于思想家的理论成熟期。比时，思想家终于开始批判性地超越自己原先持有的全部他性思考构架，将前人假性解决问题的思路扬弃为终极真理的幻象，学术记忆从而得以从原先那种无意识的镜像认同和误识伪相中挣脱出来。此时的思想家通常是在有意的变形和转喻的意义被激活后，进而在一个全新的话语体系或自主性的理论问题式中深化前人的思考，特别是通过发现前人问题解决方案中的"未思之处"，生成新的问题生产方式。于是，学术观念的能指与所指话语系统被全新地系统创造出来，最终直接建构起新的独特原生性的思考空间。

唯物辩证法的逻辑结构，即人的主观辩证法与客体辩证法在运动着的实践辩证法的中介下构成特定的基本逻辑构架。在这里，**主观辩证法并不与客体辩证法直接同构，而是与实践辩证法结构同步**，并通过**具体的、现实的、历史的**人类实践，中介式地映照客体辩证法。

作为**拟文本**的阅读批注是读者在最初接触和解读文本的过程中留下的东西。通常，阅读批注是资料性摘录笔记和思想心得笔记的前提。一般来看，阅读批注都是直接写在被阅读的文献之上的，它往往表现为各种记号（标记书签、折角、下划线、符号）或者少量的文字。之所以说它是前文本，是因为它尚没有形成一般文本结构中的意义逻辑构架、完整的话语系统以及表达文字的织构。所以，在文本的原初意义上，它实际上又是**不存在**的。通常，拟文本本身被编辑、排版和印刷成可视文本的过程，就已经是一种**对象化式的**文字重组和阅读空间的再构境。可是，当我们面对这种特殊的，也有一定物质承载的意义符码时，通过细心的解读和能动的情境建构，我们还可以基本再现原读者当下的思想语境和拟建我们的质性判断。

知识信息的传递不是一个简单的发射和接收的线性过程，而是一个**同质相取的结构化整合**过程。人们只能**看见**自己可以理解的东西，不与自己认知逻辑结构相匹配的信息则被排除，或者根本**看不见**（视而不见）。这部分无法接收的信息，被皮亚杰称之为"神秘的余数"（"E"）。

当我们面对文本时，关系就已经发生，我们看到的永远不是某个独立的文本，而是文本与我们的关系，我们的阅读和研究所背负的历史性视域已经浸透其中。

康德说，自然通过一定的形式呈现给我们，马克思则认为，**这个呈现本身是由人的历史性实践造成和构境的。**

马克思的历史时间概念不是**物性**意义上的时间，而是历史性的社会存在中的独特生命时间。马克思历史唯物主义中的历史观念与人的生命存在意义上的时间是内在一致的，这个本体论意义上的时间中的历史存在不是简单的过去，而是**将过去和未来否定性地扬弃在自身内部的现在**。

意识的本质是历史时间中的"我对我环境的关系"，可是意识形态的本质并不是人们对自然和人与人之间的一定关系的一般结果，而是**以歪曲的形式颠倒地呈现出来的观念存在**。

简单颠倒过来的黑格尔的逻辑究竟是什么？如果"颠倒过来"指的只是用物质概念去替换绝对精神，那么借此我们就能获得唯物辩证法吗？特别是，我们又常常将唯物辩证法的规律和范畴直接对应于外部世界的客观规律，这么一来，一个很大的**隐形逻辑悖论**就出现了，因为黑格尔的思路是把人们的认知结构颠倒地客观化为世界的本原结构，那么概念及其运动就是客观事物的本质和规律。而我们这种"倒过来"，却只是在说这不是"概念"而是"物质"！但究其实质，所谓辩证法"规律"其实**还是人的认知结构，隐性的唯心主义**在此并没有消除，只是我们自以为已经把黑格尔的唯心辩证法唯物主义地改造了而已。这是一个复杂的**伪构境**：我们认为自己是唯物主义，可实质上，我们的构境与黑格尔的客观唯心主义思想构境是完全同质的。

作为客观事物存在与它们通过实践-认识**向我们呈现的形式**之间是不可能完全一致的。并且，在为我之物中所划定的**内在**本质与**外部**现象，二者是不断转化的。从现象到初级本质，再从**被扬弃成二级现象的初级本质**到二级本质，以至无穷。这是一种极为深刻的辩证认识。

从**一个东西**的同一（质）到此物与他物的差别，从这一事物得以确立的内在矛盾（根据），再到这种本质通过现象的展示，最后还包括事物走出本身与整个世界的联系（"因果性等等"）——所有这一切的**基本逻辑序都不是哲学唯物主义假定的客体的结构**，而是"认识的环节（步骤、阶段、过程）"，并且都是**从主体走向客体的有序度**，即人在历史性的实践之上生成的认知结构和逻辑进程。

黑格尔的辩证法结构是人类主体认识结构的**逻辑映照**，其错误正是把这个主体的**主观认知结构**唯心主义地确定为客体存在结构的**基始性本质**，所以我们批判性地改造黑格尔就决不应该再把这个主观认知结构直接说成客体结构本身，而要在主体中重新确定主观认知结构的真正基础。这个基础就是实践！人的主观认知结构（逻辑）是由人的客观实践进程的结构和逻辑制约的，黑格尔所描述的**逻辑递升有序度**只能是主体走向客体的**实践掘进度**！客体结构只有透过实践结构的中介，才能历史地表现出来。

7

劳动**塑形**（shaping）是指物质存在在人的劳动中获得一种异质于自身自然存在形式的**易逝性和暂时性的新形态**。塑形总是由劳动发动的有目的的物质生产行为。所以，所谓塑形即人类劳动活动为我性地改变物性对象存在形式的生产再生产过程。物质是不能创造的，但劳动生产不断地改变物质存在的社会历史形式。**人的劳动在生产中并不创造物质本身，而是使自然物获得某种为我性（一定的社会历史需要）的社会定在形式。**

关系**构式**（configurating）是指人与物、人与人主体际的客观关系系列及其重构（再生产）。这是人类生存超拔出动物生存最重要的**场境关系**存在论基础。与有目的、有意图的主体性的劳动塑形不同，关系构式往往呈现为一种受动性的、结构化的客观结果。它既是社会生活的场存在形式，又是社会空间的建构。关系构式是劳动塑形和其他塑形活动得以发生的必然历史形式，并且以**社会先验性的客观条件**出现在每一个历史时期中人们进行劳动塑形活动之前。

人、被塑形物，在一个特定的功能效用关系构式中被建构成一种社会定在的物性基础。其实，这个特定的人与被塑形物**环环相扣的构式有序链接**就是社会定在的直接物性基本构成，它的直接结果通常是以作为生产结果的历史性的塑形物和工具的特定历史关系系统表现出来。在劳动过程中，一种劳动塑形必然与另一种塑形活动相关联，在劳动塑形活动之上又生成更加普遍的社会活动链，以形成一个人类生存的最直接的生活世界基础。并且，作为生产结果的被塑形物总是生成于一种以人类生存价值为中心的为我性的效用关系构式之中，它们同样**环环相扣**建立起来一种超出自然物质存在的周围物质世界。

生产**构序**（ordering），对应的是马克思所说的物质生产力概念。与主体性的劳动塑形活动和客观的主体活动关系、塑形物的链接构式不同，生产构序是整个社会生产过程中活生生表现出来的特定组织编码和功能有序性，或者叫保持社会定在消除其内部时刻发生的坠回到自然存在无序性熵增力量的有序性**负熵源**。

社会结构**筑模**（modeling），是历史唯物主义中最核心的生产方式概念的一种现代重写。原来，我将生产方式改写为**实践格局**，目的是打破对马克思这一重要范式的石化在者式的理解。在马克思那里，在社会历史发展的进程中，人对自然的有序关系（生产力）和人的生产主体际有序关系（生产关系）的特定构式是历史的本质结构，其中生产力构序与生产关系构式都不是孤立的物质实体，而是人们在实践中的客观性的**构序能力和功能性有序结构**。被塑形物质实体（包括构式关系中的经济后果）都不过是生产力和生产关系的"附属物"，就像马克思谈到的社会上层建筑及其附属设施一样。社会生产方式这一历史的特定有序结构显然带有**主体的**意义。也就是说，社会历史发展的基础和决定性动因，不是主观动机，不是离开人的物体，也不是抽象的人类主体活动，而是一定历史条件下现实构成的社会实践的能动构序结构。

无论在今天这个物欲横流的人世间有多少悲剧性的事件，都不足以让我们简单地否定社会历史的文明进步本身，这就像一个逆子绝不可能重新复归母亲的胎腹之中就得以成仁一样。社会历史中出现的错误本身就是历史的重要组成部分，它只能依靠现实的进步本身来解决。

一个磨咖啡机，它的功能性有序存在是将咖啡豆、人对咖啡因的需要和粉末状的咖啡链接为一个结构化的**为我性**（for us）客体系统。

在海德格尔那里，垂直的关系是此在与存在的本己关系（马丁·布伯的"我与你"的神性关系），而水平关系则是此在与物、此在与此在之共在的被夷平化的常人关系。

在传统农活的插秧与收割，传统酿酒、制陶、织布等工艺生产过程中，农民和手工业者之间相互关联的劳作手势似乎当下建构着一种有生命象征的表演场境；而在今天的工业流水线上，象征生命情境的东西都不复存在，存在的只是无个性的、破碎的专业性功能程序化的动作。

今天在消费系列中生产出来的物品品性，不再是传统生产所塑形的耐用、长久，系列生产就是为了使东西早日"死亡"，它们的生存是一种被预设的"简短的共时状态"。这里的塑形恰恰是走向死亡的"狡计"，为的是人们能够尽快再次购买和消费。

当你购买一种高档商品的时候，这一商品与其他同档位的商品将会形成一个紧密的筑模性欲望诱惑链，它们是凸状性的"一串意义"相互暗示以生成对人的欲望的控制和支配。比如，当你购买了一辆高档轿车（欲望凸状 A）时，它就会暗示性地与一幢带车库的别墅

（欲望凸状 B）相关联，而一幢别墅则必然暗示性地与一整套的高档装修（欲望凸状 C）相关联……这是一个无限的消费意义链环和强制性系列。

消费场中，人是被一个看不见的铭记凸状锁链捆住并强迫消费的。需要指出的是，此处的强制性并不是**外在的可感的**东西，而是消费中的诱奸！因为，这种强制性的实施恰恰是通过一种被幻象引诱的**自愿**。

像原始社会的神话和中世纪的宗教叙事一样，彼岸的神性幻象承担了筑模现世生活本身的"一体化"意识形态整合功能，而今天的消费神话同样成为我们生活一体化的意识形态驾手。区别在于，在传统神话通过物性礼仪规制生活的地方，消费逻辑通过意象性的符码关系让人们进入一种他们欲望深处企盼的消费游戏，这种游戏通过一种"你追我赶"的竞争性购买，自发地生成了一体化的"无意识的纪律"，由此，消费逻辑在阴凹处实现自己的统治。无疑，消费意识形态已经成为今时今日资产阶级实施**非强制性同一**的最有效手段。

在今天的消费过程中，没有人处于纯粹和孤立的商品购买和使用关系中，消费即地位和身份的有序编码，这种编码同时就是**阶层区划**。

今天，所有的人都在消费的有序筑模中不由自主地相互关涉，互为**反指性他者**。

广告的战略是在镜像他者中制造每个人对其认同的物化社会的神话情境，广告制造的镜像他者并不是对单个人言说，恰恰是在暗示性的地位和等级区划（高档轿车、豪宅、青春永驻）中让所有想"成功"的人都怦然心动。

在广告中，象征性的幻象并不直接表现为凸状的显性动机，而是对人的**下意识**欲念的控制。广告中作为"阳谋"出现的无动机是最大的驱动性，无强制是最大的强制，无压迫是最大的压迫。

时尚的逻辑，就在于一场针对消费对象的"指导性废弃"的游戏。

在传统社会中，人们的地位和身份常常是以**拥有和占有**物的总和来象征的，而今人们却通过手中物的操持方式来建构整个社会环境，甚至直接筑模起人们的生存行为的活动结构。在这一筑模的过程中，物的操持方式生成某种社会意指，并逐渐地转化为社会定在中一定社会阶层**意会**的符码情境。

物，不再是一种简单的客观存在，甚至不再是以效用功能的方式环环相递构成"用在性"的有序物性世界，而是一种内含着**编码社会的句法结构**的强制性关系。这是人无法直接意识到的强制性支配关系。

所谓的**品位**，建构了社会阶层之间森严的意味性文化分隔。品位，是无法通过外在的模仿获得的。品位也是看不见的意会性话语和生存构境。

逻辑斜视意为在一个思考情境中，言 A 而实则意在 B。

消费的意识形态本身就内含了一种奴隶式的道德，因为沉迷于消费的人们通常是"享乐、非道德和无责任"的。实际上，在这种吃、喝、穿、住的看似没有价值取向的消费中，恰恰时刻生成着资产阶级统治强加于人们的最大**奴性**道德。

我们在大都会博物馆或卢浮宫里遇到毕加索、达利的绘画，人们通过简单一瞥就立刻可以知道这是他们的作品。他们的作品不是像古典现实主义作品那样直接面对世俗生活，拟仿和逼近实在，而是以一种独特的能指方式主观性地撕裂世界，从而生产一种绘画风格上的独特差异性。并且，对于他们的作品而言，这种独特的能指方式是以互相指涉的自成系列的方式在场的。

如果说，笛卡尔那个时代，人们的存在方式是我思故我在，斯密－马克思的时代，人们的存在方式为我生产故我在，那么现在，人的存在方式要说成**我差异故我在**。

差异性符号的在场，占据了过去象征性神灵的王位。

相对于中世纪空灵的神学艺术，启蒙中的现实主义已经将人性从蒙娜丽莎式的微笑中呈现出来，以构成对现实封建政治强制的反抗。而进一步，现代性与后现代艺术作品，似乎又是在通过对传统现实主义逻辑的离经叛道，标榜一种激进反叛。

在拍卖活动中，出现了一种类似游戏或者节日狂欢般的场境：一伙在"贵族"身份平台上竞争着的同类，并不追求实际需求的满足，他们在对艺术品的追逐中表现出一种赌徒式的格斗和牺牲。

处于美学情境中的艺术品，其创作本身就不是生成通常被塑形物的使用价值，而是达至美学意义上的观赏性水平。只是在布尔乔亚的全面物化王国中，一切没有使用价值的东西都不得不颠倒地表现为价值，如学术思想、宗教信仰、人的良心。审美情趣以及许多社会交往关系，其本身都没有直接的功用性使用价值和进入市场交换的价值，可是，在商品-市场经济中，一切存在都会在生活所迫中畸变和沦落为变卖物。

在拍卖中发生的奢侈性行为中，货币不再是作为调节资本主义社会关系的一般等价物，而是形成一种新的象征域口的**贵族依存**关系。在这里，一个新的共同体产生了，与经济交换中发生的那种形式上平等的经济竞争不同，拍卖是"贵族"们类似**决斗**性质的游戏和节日，此时，谁赢得最后的物品都无所谓。

传统消费中个人与个人之间的攀比和争斗，已经让位给由大众传媒建构起来的更恢宏的角斗场境。正是大众媒介通过影像的拟像，使物性的商品转化为种种差异性的更加"富有魔力的符号"构境。符号编码建构着特殊的暗示性符码支配情境和象征性消费游戏，在一个无意识的共同体中，离开了经济价值的消费游戏成为隐匿社会对抗的狂欢节日。

在这个功利性的世界上，人以自己的需求向自然立法（康德），主体的效用不仅是人的世界的道德律令，而且也强暴式地成为所有事物被座架的"内在的道德律令"（培根的"拷问自然"），并在神学体系（圣经中的"你是这个星球的次主人"）和布尔乔亚的形而上学有序塑形的（历史进步）观念中将其合法化。

在日常生活当中，我们倒是经常能够观察到成长的孩子们抗拒岁月、"不想长大"的素朴愿望，然而，成人世界的复杂和丑恶，并不能成为永远持存孩子式的天真与质朴的理由。婴幼儿可能真的会视排泄为最重要的快感，也会无目的地毁灭和耗费物品（小猫小狗也会有这种行为情境），然而，人终究要长大，人的社会定在和生活情境必然会与其他动物的生存区别开来，人类存在的社会历史没有办法开倒车，也不能永远驻足不前，只能在进步和变革中获得一种历史性的解放。

动物界的生存原则是弱肉强食、适者生存，人之所以能从动物界中超拔出来，最重要的胜利之本不是强体，而是**存在方式**的改变，首先就是改变获得生存条件的活动方式，或者说是满足自身需要的方式。当人（如果在第一个历史活动开始之前，那是类人猿）想要满足自己的生存条件时，就得通过使用工具创造一种不同于动物的获取自身必需物质对象的活动，亦即**生产**，这也就是动物生存中所没有的对自然的改造和人工物品的制造过程。马克思认为，正是生产使人同动物区别开来。

当一个人，用明明不是批评对象所犯的错误来指证其理论的失误时，这只能说明这个人的理论薄弱或别有用心。

马克思在**狭义**历史唯物主义的语境中批判资产阶级意识形态的最大的贡献，就在于指认了资本主义市场经济作为社会历史存在的**自然秩序**和人之天性的**自然法**的历史性。

在爱因斯坦之后，20世纪的现代科学认识已经根本摆脱了以牛顿力学为代表的经典科学观中那种普遍性、绝对性和永恒性的旧形而上学痕迹，**历史性、相对性和暂时性**成为科学理论逻辑的基本属性。我们越来越多地发现，过去被看作普遍的客观真理的东西中，无一例外地都包含了一定历史条件下人们有限认识条件的主观认定，科学认识也越来越多地具有了在一定参考框架中的有限意义。这是康德那个人"向自然立法"命题的现代剖解。

历史唯物主义的历史性方法绝不仅仅强调一个时间性的线性历史进程，更主要的是强调观察和研究中的特定语境，列宁将其概括为"具体问题的具体分析"，它拒绝的正是抽象的普遍性。

历史唯物主义是一种历史科学，并不是因为它宣告了什么是永远不变的历史本质，而是因为它会随着现实历史实践的发展改变自身的结构，从而不断指导我们认识新的社会历史生活。

那个工业时代作为"真实"参照的指涉结构（有用性）被摧毁了，再现本质的批判维度（现象学）被代码的自我繁殖所替代和阻挠，代码制作出来的拟真物的在场，是以**复活**真实为前提的。拟真的凸状显现恰好是对象征关系的重构，但这必定是伪构境！此时，它不再**参照**伪他物，它就是真实，是超级真实，因为它甚至**比真实还要真实**。拟真物就像是从死亡的墓穴中走出来的基督，是比上帝还要真实和切近的神性本身。

今天的生产已经没有了自己确定的目的，生产像代码一样疯狂运转。这是由于传统的生产似乎还是根据消费的需要，而现在构成需要的欲望都是被符码的象征伪构境制造出来的，虚假的消费决定了像跟屁虫一样怯生生的生产，生产失却了以往的确定目标，开始无目的地跟着不断过时和死亡的商品高速运转。如果说，过去的资本主义生产是"为了生产而生产"（李嘉图语），那么今天的生产则为了符码的象征性内暴而生产。并且，今天的货币脱离金本位的参照，劳动脱离生产需要的参照，像符号一样浮动，相互替代，投入无边无际的投机和通胀之中。就像今天金融股票电子显示板那样，在电子信息化的时代，这种投机和通胀都以每秒钟 30 万千米的速度飞快改变着。

在马克思那里，价值规律的在场并非由于一般劳动生产的出现，而是因为资本主义生产方式的历史性在场才获得历史构境的合法性的。恰恰是在 14 世纪以后的欧洲，物质生产进程中才逐步出现了异质于作为整个中世纪现实社会基础的"靠天吃饭"（农业生产）的工业生产。新生的工业性物质生产是建立在整个自然界的对象化（海德格尔语）基础之上的，工业生产的本质是工业劳动的创造性物质重构。作为工业生产的全新结果，也才出现了以有序工业制品为主体的全新社会财富。这种区别于农业文明中那种"自然财富"的一种新的**属人的**财富，最早由配第指认为"社会财富"。也只是在一定的历史阶段上，欧洲一些先进国家（意大利、荷兰和英国等）的社会经济运作方式才转换为资本主义特有的商品-市场经济。从工场手工业发展而来的工业化大生产中不断发生的精细的劳动分工，造就了产品生产的一般社会劳动和交换的必需性，这才会造成形成价值的抽象劳动与创造使用价值的具体劳动的分立，这是资本主义商品生产的经济前提。一无所有的自由劳动者，也只是在资本主义市场经济中才会成为与资本相对的劳动力特殊商品，劳动分工之下的碎片式的具体劳动无法直接兑现自己，因此不得不通过社会总劳动的结果进入市场交换以实现自身，也因此中介——剩余价值才有可能**在生产过程中**被无偿占有，却在交换过程中的平等形式中被遮蔽。

与早期资本统治到处（"每一个毛孔"）都沾满了血迹不同，今天符号的统治和奴役是不留血迹的，因为它的支配是从内心开始的。今天的无产者和被压迫阶级端起枪，也不知道向哪里射击。这样，外在的痛苦必然转化为内在的自我焦虑。

如果说，在 19 世纪，马克思所说的劳动的简单性与复杂性，可以对应于体力劳动中的手工劳动与技能劳动，那么抽象的**必要劳动**时间就成为不同劳动关系中价值量的基本尺度；而在今天的原创性软件设计与一般硬件的对象性（如通信工程网线铺设、工业的流水线）劳动中，复杂性与简单性关系及其价值量是仍然存在的。

我告诉尔，**这就是坑**，可下面有钱，你看着办。

在鲍德里亚看来，拟真不是对一个**现存对象的仿真生产**，拟真是**幽灵意义**上对从来没有存在过的"真实"（"生产""劳动""使用价值"）的**重构**，拟真是代码的**阳谋**，它是为了确认自身存在的合法性的在象征层面上的符码游戏，拟真意味着**想象残余对象征存在的意识形态支撑**。

封建礼仪中不可能有符号间的"仿造"，混淆象征符号是要受到惩罚的。

在仿造中，拟像与被模仿的对象性自然之间仍然处于一种异质的关系之中，**真实还在**，拟像是作为凸状**表象**存在的，这意味着表象与对象物的共在。

在前工业时期，劳动塑形仿造中也许还存在被模仿的原型对象自然序的原像，而工业生产的起点就是**无原型**的制作和构序了。

工业生产的拟像已经是没有原型的，人工制造的本质不是仿制，而是新的物质重组与构序，生产物的存在方式本身是一种具有无限可能性的**相互拟像**。异质于面对自然对象的仿造，工业生产的本质是非仿造的系列**制造**。因此，也只有工业生产物才可能在**再生产过程**中被大量复制。

工业再生产中的复制才是整个布尔乔亚新型**等价关系**的真正基础。

拟真为没有本体的代码。

人不再是以自己真实的感觉面对存在，而是通过荧屏上出现的数字化的虚拟中介拟造康德所说的最初的经验现象界。这是一个可怕的初始性。

在拟真中，真实被从非真实中重新调制出来，它**比真**

实更真实。

在时尚生活中，人们不断地换衣服、换手表、换汽车，都不是真的去享用这些物品的**真实功用**（由塑形劳动生产生成的使用价值），而仅仅是将其作为最新的时尚象征。

任何时尚之物，当它从广告的幻象中走出来，立刻就会失去它的所有光芒。你今天买到手的时尚物品立刻就会因为新时尚的出现而死亡，可是，这种被虚假满足了的欲望已经重新点燃在新的物品中，它不过是死去的时尚的复活。于是，你又在新诱惑中进入时尚欲望链之中，这是一个停不下来的转盘。

异化批判逻辑所追求的本真性，今天以彻底的赤裸裸的完全透明——无耻性直接表现出来。后来斯洛特戴克将其称为当代资产阶级的**犬儒意识形态**。

以不要脸为荣的透明性。

资本主义的权力恰恰在这种**表面的**自由民主游戏中巧妙布展，这比专制体制中的直接暴力显然具有更大的**诱惑**。

今天资本主义社会中存在的权力、经济和性都是因为背后的"Nothing"才生发出迷人的诱惑力的。

阐释就是**启蒙**话语，它总是通过理性之光，将不能理解的东西变成可以理解、将阴凹之处的被遮蔽的东西变成可以直接把捉的**被照亮的**东西，从而把隐匿的秘密解放出来。

当世界背后的意义被删除的时候，在历史进步的宏大叙事的逻辑结构被解构后，自然"怎样都行"了，一切都可以跟着感觉走。

诱惑总是面向可怜的欲望伪主体的，诱惑即对欲望成因的发现，这也就是拉康那个著名的**对象 a（objet-petit-a）**。对象 a 不是一个直接吸引人的东西，它恰恰是不可能存在的真实在现实失败中的剩余物。

对象 a 凭借本体论上那种不可挽回的**失去**带给我们对存在的期冀。显然，与镜像和大他者的**先行到来**的强性暴力不同，对象 a 是被**先行送走**的，它在彼岸世界被预设，却从来没有在现实社会中实存过。然而，作为欲望的转喻性对象（objet métonymique du désir），它成为**欲望形成的真正原因**，也是本体论上对那永远缺失、被消去的自我建构和主体存在的**乡愁**。

后现代的诱惑背后不再有急于成为凸状的质性本质，期冀的前方不再有**当下不在场**并在阴凹处等待被召唤、揭示的真实（如上帝的缺席、真理的缺席和革命的缺席），今天最大的诱惑就是看起来**没有深度的形象和外表**，现在最有吸引力的东西恰恰是本质和真理的**不可能性**。

诱惑，就是那种没有可能再现它的东西。在这里，人们将遭遇一面不反射的镜子，表象背后什么也没有。

游戏的诱惑力，就在于它让意义消失，抹去任何价值的痕迹和记忆。

8

面对一个学术文本，如果仅仅看到一种理论对象化的结果，而不知其作为理论生产方式的问题式，那么等于没有真正内居其中。

在天主教教义中，相对于高高在上的外在神性而言，个人的现世生存是一种需要排解的虚假空无。肉体个人唯有通过中介，才能与万有的神沟通，在茫茫的世俗苦海中，个人主体必定要历尽物性苦难，最终赎尽原罪内省到**一切皆伪**，方能两手空空地重返彼岸的上帝之城。

新教改革中路德的理路则是让个人主体直接与上帝（类本质）相关，上帝就在我心中，以此消除天主教中那种媒介化的遮蔽，让我与上帝坦诚相对，无处遁藏。

在启蒙话语中，上帝即人自己被强制剥夺并偶像化了的**类**（关系），即那个柏拉图式的理念他者之后，最大的大写他者。

在《精神现象学》中，黑格尔在认知构架中发现朴素的意识只能停留在**作为既定物的内容**物象上，感性直觉以现成在手的给予性为前提。可是感性直觉没法发现，作为物相形式出现的内容其实是被构成的，缺席了主体意识的支撑，我们就无法构成感性物相。所以，在真实内容的尺度上既定物相只是一个**虚无。**

人是一个空无，指的是人的存在不立于自然之实有，人的在场是自己的劳作和斗争，这种相对于自然的直接存在的历史正是无。

任何理解（阅读）都不可能是直接的，而是在一定方法统摄**之下**的阅读。

哲学之思的核心不是结论，而是真实地发问。

思想不是一种现成结论中的概念体系，而是一种被特定**问题式**建构起来的思之境域。

只有理论问题式才决定了认知对象的基本理论性质，自然，理论问题式的改变又将导致理论对象的变化。

决定理论总体和理论对象的问题式不是一种显性的直观物，它在理论总体中的存在状态是一种**内在地起隐**

秘制约作用的功能结构。

我们只能看到自己能看得到的东西。

埃利亚学派之后，哲学成了原动（力）表演的旋转舞台，从柏拉图、亚里士多德一直到中世纪，力是理念（精神），力也是上帝。可是，它并不直接登场，它照亮场所，有限的现象、形式和意象卖力地演绎着，一时间，光柱总聚焦在某些现象身上，它们立即高喊着："我就是上帝！"可当光稍一偏离，它们便陷入无边的黑暗。

在尼采看来，一部人类的理性文化史实际上是一部使人丧失自己本真原欲（权力意志）的压迫史，在理性和文化的训导下，人变成了伪善的"一种家畜"和戴着面具的"虫人"。

结构的突现是主体哲学失败的一个副现象。

结构在打倒主体、杀死人之后，自己也悬挂在历史性生成的支架上自尽了。**结构的每一次建构总就是解构的。**

依阿尔都塞的观点，无辜的阅读（或者译为清白的阅读）是指日常生活经验层面上的那种理想化的**直接**阅读。这种直接阅读假设，读者在阅读中将不掺杂任何外来因素地直接**看到**作者所表达的全部东西。而根据阿尔都塞的问题式理论，这种单纯的阅读只能是一种**神目观式**的天真。

任何人的阅读都只是在一定的知识背景或生活阅历中负载自己主观投射的"看"，如果将它上升到理论研究中的文本解读中来，那就是一定的问题式统摄一定的解读。看不仅仅是一种视角的观照，而且是一种立场；立场不仅仅是一种立场，也是一种理论文化的积淀。任何人都只能看到一定理论背景支配下产生的认知结果。

任何阅读都是一定**理论规范**（认识结构）统摄之下的阅读，"白板"式的无罪阅读纯属子虚乌有，**阅读总是负载着一定理论构架——问题式的阅读**，这就是阿尔都塞所说的"有罪阅读"。其实，换句话说，也就是阅读总有理论先在。

依据一种文本中无法直接把捉的症候（空白和沉默），更深入地捕捉到文字和一般言语之后的理论问题式，使阅读钩深致远，这就是**症候阅读法**。

症候正是由一定的问题式统摄所形成的**深层语言之空**

无，它甚至就是字句的沉默。这是一种**理论无意识**。缺席和在场往往是错位的，在这种无意识的不在场中，问题式却向反思呈现出来。

在现代性的阅读中，文本是一出被操控的情景剧，一旦脱离了作者的牵引线，就立即硬化为一种封闭的客体性。面对读者，文本是一个**外部的**客观性物品，有其自成一体的叙事结构和刚性逻辑，是**一个**自足的同一性总体。

作者的原创话语权是虚假的，文本从来就是互文性的**编织物**。根本不可能存在一种绝对由一个作者自己独创的东西（思想、话语或文本）。也是在这个意义上，巴特喊出了那个震撼人心的口号："作者死亡了"！

文本不是我们透视绝对、上帝和真理总模式的门径，更不是用过即弃的思想之尸，文本是活的思想之境！

文本就是我们！这包含着一个颠覆性的逻辑。作者和文本居上位的等级一股脑儿被打破了，我们——读者不再是低眉垂眼的奴隶。文本，不过是我们思想之舞的一个舞台而已。

阅读是一种拓扑学意义上的创造行为，它在不断的移动和变换中生成新的思想。

意识形态是一种人类生存共在的幻境，它没有历史，却将永存。

意识形态的本质恰恰是一种阶级无意识，它是一种历史必然。

意识形态作为结构总强加于人，隐遁藏形地统治着一切。

我自以为是自己人格的主人，而实际上却是被意识形态隐性驱使的奴隶。这可能是至今为止大多数人类社会历史生存的普遍现象。

由于任何一种利益关系总是一定社会历史条件下的特定产物，当意识形态以一种凝固的概念抽象地使之永恒化时，就必然导致意识形态的僭越性。将一种局部利益泛化为总体、将一种历史的有限的东西永恒化，这决定了意识形态问题式的本质必然是一种**历史性生存的死亡性**。

所谓**起源论**，主张由某种基始的起源去衡量事物或思想的发展过程；而**预期论**则认为终点之物决定着事物和思想各个发展阶段和全部过程的意义。这两种思想史的方法逻辑在本质上却又是同一的，即**目的论**在不同侧面的表现。

对于一个思想家来说，人们看到的总是他已经发表了的光亮的文本，这些文本大多经过层层修饰，有的甚至是迎合时势之作，而最初的真实早已沉默。同理，真实的历史从来都不会直接呈现出来，它总是在被特定的意识形态表象关系有意无意地伪装和掩盖起来。

关注连续进程中的断裂性。

无意识的时间就是**被官方编年史删除掉的**历史时间。

康德哲学以认识论中的"哥白尼革命"，打破了传统科学观和认识论中的凝固化神授主体，以先天综合判断的知性座架作用，宣告了工具理性的在场，这也是资产阶级反抗专制的启蒙宣言。然而，康德的革命是不彻底的，因为他并没有真正剪掉脑后残留的神学辫子，先天综合判断生成的"神秘力量"仍然笼罩在"顺从"的阴影之上。

每一个现实存在的社会生活中，都会同时存在不同质性的生产方式，而占统治地位的生产方式却赋形整个社会生存的主色调。

生产方式具有功能性特征，它不是一个现成性的框架子，狭义地看，它是制作、加工的劳动生产中的工艺方式。从更大一些的哲学构境层面上看，这就是一个时代中人改造自然关系中的实践功能方式。我们看到，教科书上那个死的"生产方式"概念一下子就活了过来，生产方式当然是我们以一定的构序样式向自然立法的物性塑形-赋形，之后才有相应的社会赋形中的具体生活。其实，生产方式不是一个僵硬的现成物件，而是一种正在发生的建构活动的功能结构，这也是后来我使用 modeling（筑模）代替 mode 的用意。

在马克思那里，生产力不是劳动对象、工具和劳动者三种实体要素的相加，而是这些劳动生产方面在一定社会条件下的特定接合所建构起来的**功能性构序能力**。

广义历史唯物主义主要是马克思、恩格斯在《德意志意识形态》中所创立的一般哲学方法论，它确立了人的物质生活资料的生产与再生产是一个社会定在和发展的基础，怎样生产的方式和生产力规制了一定社会的关系场境存在，整个社会定在决定意识等一系列基本原则。而狭义的历史唯物主义则是马克思在《1857—1858 年经济学手稿》的经济学研究过程中，不自觉地构式出来的关于经济的社会赋形中存在的复杂社会构序-构式，其中关键性的内容，包括了工业生产与科学技术的发展深刻改变了人们改变世界的方式，资本主义社会历史产生的经济力量成为社会定在主导方面，在充分劳动分工基础之上的商品-市场经济活动中，人与人的劳动交换关系事物化地颠倒为事物与事物之间的关系，进而产生经济拜物教等一系列重要的历史现象学批判的内容。

资本主义的生产过程本身，因为机械流水线在生产活动中的运用，劳动者身心必然受制于流水线的时间节奏和规定动作，这本身就是一种奴役和压迫。

意识形态，有时是一种策略，有时是一种伪装，有时是幻象和真实的中介，有时是自我和社会同谋的暧昧。

意识形态的物质存在总是以个人或整个社会**高重复率的客观实践活动**来维系的。例如教徒无比虔诚地去教堂做弥撒、跪拜、祈祷、忏悔和告解，以他不间断的神学感性活动来支持自己对神学世界的想象关系，这就是宗教意识形态的一种特有的物质存在。

你我在相互的认同（意识形态的物质仪式）中发生着一种自然而然的意识形态**互指**功能。

9

只是"怎样"（Wie）打开，只有新的思想构境，而没有对象性的"什么"（Was）。

克服形而上学，就是在重返柏拉图和亚里士多德所开启的第一开端中，超越性地让石化了的**存在者**（*Seiend*）**归基**（*Zurückgrund*），即**重新立地**（*Bodenständig*）或**扎根**（*Verwurzelung*）于作为其真实根据的存在（*Sein*），存在者与存在的差异，引导着**内省的**我们（*Da-sein*"们"）领悟生活世界和精神王国中**何所在**的全新境界。由此，马克思所揭示的已经十分深刻的**关系**本体论转换为**关涉**（*Sorge*）论，一切旧哲学中居统治地位的对象性的**表象认识论**则深化为融入存在本身的**内居论，逻辑**解构为**思想之境**。物相式的**客体对象**消解为交道的**物性逗留，抽象（个人）主体**还原为时间中的**此在**。

弃绝存在，在海德格尔那里也是一种对希腊**前苏格拉底**原初思境的重返，这却是从形而上学第一条道路中**跳出**后的另一开端，它启始和蓄意营造了一个令人惊心动魄的思想"深渊"般的魔幻之思境。在这里，海德格尔建构了更深一层的思想**证伪之境**：先前在第一种努力中被打开和重新复基的遗忘存在的西方思想史乃至全部西方文明史，竟然又都被宣判为**非本有**的人类**存在**之途。世界的存在状态**本身**就是"大地毁灭"和"诸神逃逸"（entflohene Götter）的真正原因。更令人恐惧的学术事件是，海德格尔竟然在他自己发现并引导形而上学归基于此的存在者之存在（根据）之上**再**打上叉，并且，这个叉掉一切**存在论**的全新存有思境建构却是一种几乎不能打开、**不可言说**的神秘本有（Ereignis）之思境。这是**第二次归基、重新立地和扎根**。由此，关涉现世存在的主导性问题深化为面对弃让存在的基础性追问，存在者与存在的差异转换为存在者与**存有**的差异，存在之**解蔽性**（Aletheia）真理更替为存有之**归隐性**真理，时间中的有死者——个人生存此在被内省为历史性生成的此−在（Da-sein），涌现式在场（für uns）的自然复归于本然的大地与天，偶像化的上帝复归于最后的诸神，暴力性存在被穿透为天地人神游戏其间的本有发生之时−空，依存于存在状态的命名式语言转型为非指称的诗性道说，这就是海德格尔密藏起来的弃绝存在的**泰然让之**（Gelassenheit）的全新思境。

通常一个原创性思想家的学术发展历程会从早期的认

同于自己老师或传统基始性典籍的起始学术奠基的**他性镜像**阶段，到开始自觉摆脱他性学术构架，但仍然在传统学术场域中操持旧范式、建构新的**自主性**思境，最后，是每一个原创性的思想家自己全新的**创造性**思想构境突现。

只有一个海德格尔！只是这个海德格尔在对希腊原初**本原（Arche）**之境的**双重返回和双重归基**中，同时置身于"第一开端"的形而上学之路的解构之战和在"另一开端"的本有之思中的道说本现之中。

海德格尔思想构境的秘密，就是在**学术常人**给大他者表演的教授众人中，他不仅表现得最好，而且在神秘的彼处用本己的真思深深地戏弄和戳穿了这种学术圈中的皮影把戏。

机敏的海德格尔固然最先慧识尼采之深刻和凡·高之本真，却拒绝真的出世性"发疯"。显然，他采取的现实生存战略是面对神学和政治的**表演**；他的思想存有之路径是在形而上学学术场中奋勇抗争的**表现**和在非思辨他域中偶显峥嵘的**现身**；他的真实思想存有则为深埋秘制中的**神秘**本有之思境。所以，海德格尔的思之路，有光亮之处的可见足印，也有隐秘幽暗中的没影。

冯友兰先生在谈及治学之道时，曾经有过一个形象的比喻：从"照着说"到"接着说"。所谓"照着说"即依从师道或典籍，通过深入传统学术的内部以奠定学问之根基；而"接着说"则是要解决一个学术传统中前人没有完成的创造性研究问题了。这是我们普通学者通常要经历的为学经历。

海德格尔的哲学之思，并非由一种单层线性的同质性进化和异质转向所构成的简单历时性思想体，而是一个复杂的迷宫式的多层动态思想构境：海德格尔一生的主要劳作是在马克思对形而上学的颠覆和尼采对全部西方文明的终结之后，使形而上学甚至人类文明历史"第一开端"启始的全部西方文化**归基于**被遗忘的存在，经过艰辛的努力，这会是人们有可能看到的被叫作"存在论"的幻境；我们看不到的，也是海德格尔故意"扣留"（Vorenthalt）后没有让我们全部知道的秘密，他将**被归基的存在本身**在基始位置上宣判为非法，被"本体"之叉穿刺了的存在则蒙太奇般幻化为"另一开端"中的**存有**，而存有之真理则为遮蔽归隐中的**弃让存在的本有诗境**。也因此，海德格尔的学术思想实现、他的文本生产与腹语保真，甚至他的全部生活都将是构境式的迷局。

马克思说过，在人的社会历史生活中，我们既是编剧，又是演员。在历史中，我们总是在看自己的表演，只不过在大多数情况下，我们会误认为真的在观看他物。

人活着，总有依存者、相关者和观看者同在。这观看者中最重要的方面，是具有暴力性的他者观众。

我们自己的存在和思想是否也在向某种可见或不可见的他者有意识或无意识地表演和显摆？仔细去内省，答案可能会是令人伤心的肯定。

垂直的神性关系即将人从常人之间的**水平**关系提升到圣性生存的重要通道。

海德格尔自进入学术研究之后，就自觉地让"灵魂分裂"开来：显性精神存在中的是给学术大他者观看和常人公众解释学术场能够接受、认可的思辨式能力表现，而在大他者无法察觉的隐秘彼处，海德格尔则悄悄地秘制着自己真实的诗性思想构境，并写下了众多并不打算立即让世人知道的**秘密**文献。

我在自己的构境论思考中发现：首先，每一个思想家最原初的思想构境都会是生成于单纯脑海中的苦思冥想，这是一种当下发生的"闪电般的思想"（维特根斯坦语）和突现的思境，这是**原境**。其次，思境在物性文字中的逗留则建构成文本，文本写作是**第二层级**的思之构境，并且，文本写作对思境是整理和编织，也是重构和变形，不同用途的文本是思境异质性的物性实现。再次，公共教学和演讲，通常具有外在的要求和指向，在物性讲稿中思想构境会变为**当下言说之思想场重建**，并依听众状况和接受场合弱化或强化为各种思之在场性传递。最后，对话通常是**由他者线索构成的专题性思想重构**，好的对话中会有思之角斗和新的思境之发生。

在《回到马克思》一书中，除去当时所指认的**现代性**文本学以外，我现在进一步自省到，那里的文本学研究是典型的**客体视位**，即排除了文本作者的**主观意图**的读者式外部观察。而在《回到列宁》一书中，虽然我已经从现代性文本学穿越到**后文本**构境论，但是这种解读性构境只发生在**解读者本身的主观性**构境一面。

海德格尔进入学术圈中的文本生产可依自己保藏起来的本真思想与专为不同公众构境层面他性观看所制作的"学术逻辑建构"，区分为被迫臣服式的**表演性**（*vorführend*）文本、争执式的**表现性**（*ausdrücklich*）文本、隐匿性的**神秘性**（*geheimnisvoll*）文本和直接在场的**现身性**（*gegenwärtig*）文本。

现象学中的**回到**，不是人本主义逻辑中的那种价值悬设式的"应该"，而是客观地揭露事实真相。

一旦一个人在大他者面前失宠，那么，同样依附于大他者的常人们也就会去除通常的观看表演-表现时的伪饰，道出一些平时未必能说的类似"皇帝没有穿衣服"式的真话。

马克思第一个将几千年来哲人们从感性对象化物象之后拖出的绝对本质（第一性的物质或者理念）**向下归基和消解**为历史性的社会实践，因此，看清此道的海德格尔称赞马克思"颠覆了形而上学"；海德格尔则进一步将一切有可能成为最高本原的现成对象（物、人甚至意向）均指证为石化的**存在者**，并将其归基为摆脱了马克思那种社会性规定的抽象**交道性的关涉**（"那托普报告"，1922），由此建构了一种与存在者不同的差异性的"更基础"的**关涉性存在**。于是，本体论被**重构为**存在论。

将历史性的实践**关系**作为整个哲学基础的人是马克思，而海德格尔超出马克思关系"本体论"的地方，恰恰是让没有具体指向的关系（结构、系统）或者功能性活动转向为**有具体"何所向"的关涉之在**。这里，Sein（存在）不再是关系，而是**怎样**（*Wie*）。

首先，海德格尔在"存在"上打叉的本意，是想不让"存在"概念成为**石化的**存在者（而且海德格尔也在同质性的 Grund 一词上打叉），这是**第一种打叉**，这种打叉的结果就是对古高地德语中 Seyn 的再征用。其次，当海德格尔再一次在非存在的**存有**（*Seyn*）上打叉时，他是在本有论的另一条道路上弃绝和弃让存在。存在不是消失，而是要在另一条道路上被恶狠狠地直接**删除**。

弃让存在之后，不是看护存在，而是看护没有被存在（意志）强暴的大地；语言真是存在之家，语言已经是沾满意志支配强力的话语，但非本有的**道说**之家。

海德格尔的思想发展不是常人学者那种在时间线索中由低级向高级的学术进步。

海德格尔之思缘起于深深扎根于黑森林乡土质朴性的基督现世悲苦，受存在解读之多义性的启蒙，在习得现象学方法之精妙要义后，经由狄尔泰，更深地从主观意识意向走向感性生活实际，由此透视了全部形而上学和人类历史存在的秘密，极深地达及马克思所完成的历史唯物主义。又由此，依尼采之形而上学之终结和荷尔德林之诗境，彻底离开马克思，复归他本己的乡土浪漫主义之质朴本有。

海德格尔一生的思想历程完成了**双重归基**(*Zurückgrund*)或**双重扎根**(*Wurzellosigkeit*)的两件大事：其一是 1922 年开始的对形（存在者）而上学（对象化表象逻各斯）的透视和克服，使其**归基为以不是对象物**(*Was*)的怎样(*Wie*)开端的存在论。这件事情贯穿海德格尔的思想进程始终，请一定注意，海德格尔从来没有简单地**肯定**这个被归基的**存在**。其二是 1932 年开始生成异质于全部形而上学基础——存在论的**本有思想**，这恰恰是青年海德格尔本己之思的基始起点。只是在克服了形而上学对存在的遗忘之后，他开始**清算暴力性存在**本身，并在 1936 年开始进行本有思想的秘密生产。这一思想的明确生成，标志着海德格尔的最终决断，即放弃人类已经走过的征服世界的第一条道路，而进入弃让存在的另一条**归基**于本有的道路。

克服形而上学中发生的第一个归基就是让存在者重新扎根于作为其真实根据的存在：存在者与存在的差异，引导着**内省的**我们（*Da-sein*"们"）领悟生活世界和精神王国中**何所在**的全新境界。这是海德格尔让我们看清被形而上学遮蔽起来的脚下真实存在的**第一开端和道路**。由此，已经十分深刻的**关系**本体论转换为**关涉**（*Sorge*）**论**：在黑格尔-马克思那里已经摆脱了作为世界第一性本原的抽象物质和观念的**一定的**存在（Bestimmtsein=Dasein, 定在）[1]，被重新构境分

---

1 Dasein一词在黑格尔哲学中表示有时间定位的存在，而在黑格尔之后，赫斯较早期使用了gesellschaftliches Dasein一语（参见[德]赫斯：《论货币的本质》，《赫斯精粹》，南京大学出版社2010年版，第160页），而马克思先是在《穆勒笔记》中使用了*geselliges* Dasein一语，然后在《1844年经济学哲学手稿》中使用了gesellschaftliches Dasein。

解为**双重**有时间的在此-此在：一是自然对象的虚假自在还原为关涉性的在场之涌现，原来传统本体论中那种实在的**对象**消解为交道关涉中的**物性在场逗留**；二是传统的"人"消解为实际性的生存，摆脱了传统类本质的人本主义的克尔凯郭尔式的个人**主体**还原为实际性生存的**有死的此在**。由此，传统本体论中那种抽象的主客对立的二元关系式，被还原为由此在交道性关涉发动的整体包围**在场存在——周围世界**，而原来作为辩证法本质的客观世界结构和规律的**逻各斯**，则解构为**存在强力之在场集聚和构序**，符合论的真理为更原始的**解蔽真理论**所取代，对象性的表象认识论则深化为融入存在本身的**意蕴内居论**。于是，原来那种基于器具之形的本体论消解为在场的存在论，形而上学不再是形之上的道，而成了在场存在之上的表象逻辑，抽象的非历史的形而上学归基为历史性到时（Zeitigung）的**在场**存在之思。当从存在者复归于自身的存在，**存在-弃让**（*Sein-lassen*）发生，这就彻底克服了形而上学。

弃绝存在中发生的第二重归基的前提是对希腊原初思境的第二重返回，即回到苏格拉底之前的阿那克西曼德、巴门尼德和赫拉克利特等人那种非形而上学诗性神话栖境。这一重返不是复归被形而上学遗忘的存在，而是从形而上学第一条道路中的**异轨性跳出**后与希腊本原思境的重逢的另一开端。这一开端不再是某种历史学意义上的原始之物，而是事物本有的**单纯性和质朴性**，由此，海德格尔开启了一个令人惊心动魄的思想"深渊"般的魔幻之思境。海德格尔对现世的厌恶，缘起于他很深的基督情怀，他不相信上帝，却从上帝之城中获得拒斥物欲的原生动力，贬斥现世流俗生活是贯穿海德格尔全部思想历程的红线。当他基本完成对形而上学的批判性归基之后，海德格尔又建构了更深一层的思想**证伪之境**：先前在第一种努力中被打开和重新复基的遗忘存在的西方思想史乃至全部西方文明史，竟然又都被宣判为**非本有**的人类**存在**之途。作为第一条道路基石的存在即现世，**存在本身就是原罪**，正是在存在状态中，发生了"世界的暗昧"（Verdüsterung der Welt）、"诸神的逃逸"（die Flucht der Götter）、"大地的毁灭"（Verwüstung der Erde）以及"人类转化为大众"。在存在开启的人类历史进程中，自然在强暴式的涌现中被对象化，人成为主体，存在对地球的统治（Erdherrschaft）本身就是将人**连根拔起**（*Entwurzeln*），就是将自己逐出家园，[1] 成为真正的"无家可归者"（das Unheimliche）！今天存在的本质即技术，这是我们无法逃脱的**天命**（*Geschick*），它并不是某种

1　德文中Entwurzeln具有"连根拔起"和"逐出家园"双重含义。

预先被给定的宿命，而毋宁是一种存在之势所发送（schicken）的历史可能性的聚集（Gesammlung）。现在要做的事情是，海德格尔在他自己发现并引导形而上学归基于此的存在者之存在（根据）之上再打上叉，并且，这个叉掉一切**存在论**的全新存有思境建构却是一种几乎不能打开、**不可言说**的神秘本有（Ereignis）之思境。

第二重归基不是发生在原来的第一条道路之上的任何改良与革命（转折），而是回到**本源**（*Ursprung*）的**跳跃**（*Sprung*），即跳跃入另一个开端的本有之中。这不是海德格尔自己的思想发生了什么"转向"，而是整个人类生存状态的"彻底转化"（völlige Umwälzung）和**异轨性跃出**。本有不是上帝之城，也非不实存的乌托邦，而是未被存在暴力侵蚀的黑森林式的乡土大地之原生之境。本有实在，但正被"改造世界"的在场之存在暴力所剿灭。从存在论经过内省的存有复归于本有，这使关涉现世存在的形而上学**主导性问题**深化为面对弃让存在的**基础性追问**: 存在(基础)被打上叉成为质疑存在的**存有（Seyn）**，正在到来之物（das Kommende）——存有是存在**自否**后走向本有的中介，对存在本身进行自否的**存有历史的思考（seynsgeschichtliches Denken）**，才能真正使形而上学的第一个开端及其历史得以被把握；在大地与世界的**争执（Auseinandersetzung）**中，时间中的个人生存的有死者——发动存在暴力的"这个星球上的次主人"——此在，被内省为历史性生成的悔意中的"牧羊人"——此－在 (Da-sein)；关涉性存在统治和支配下的燃烧之天空之**火**复归于黑暗中的**平静**。于是，存在者与存在的差异转换为存在者与有退意的**存有**的差异，追逐好奇心的存在居有论转变为**惊叹式**的呵护性观照（theoria）[1]，解构了符合论的存在之解蔽性真理更替为存有之**归隐性**真理，否定了辩证法客体结构的理性之逻各斯之集聚和构序转换为弃让存在的无序性的**泰然让之**，探索的理性之日光转换为**非好奇**的蓝色星光，科学技术之座架让位给保有真理的艺术，进步的康庄大道改为思之田间小路，支配性所指的语言转换为无所指的诗性（dichterisch）道说，存在之**索要**转换为存在之**弃绝**，存有之省终归于本有之**本现**；最终，涌现式在场的被奴役的自然对象复归于本然的大地与天，这里的大地与天不是一种对象性地到场的物性实体，而是一切在世者的隐蔽来源。偶像化的上帝复归于作为永远**临在**（*parousia*）的最后的诸神，暴力性存在世界被穿透为**天地人神**游戏其间的本有发

1　按海德格尔的诠释，theoria在希腊语的原初语境中为观照，但后来这一原意逐渐沦丧，演变为对象性世界中的理论（Theorie）一词。

生之时–空。于是，第一个归基中的"让存在"现在转化为"让大地成为大地"，这是一种**新的立地**（*neue Bodenständigkeit*）和"变得在家"（Heimischwerden），这也就是海德格尔秘密思想构境的本然之境。

在基督教语境中，人的生命之途的"第一开端"由原罪者亚当和夏娃被贬下凡所启始，从此任何此岸世界中个体生存的世俗生活的"第一开端"都是不可更改地由此缘起的，神学的秘密即**指引**生命走向彼岸世界"另一开端"的现实通道。

常人，只是在地上蠕动的"干瘪"且"迟钝"的灵魂，在塞满欲望的生活之路上，每天拖着疲惫且过度兴奋的身躯。面对正在到来的死神，这些**走向地狱**的常人却闭上了真正应该睁开的眼睛（神性的天目），他们看不见每天在走近的必然的死亡；而瞪大了的肉眼里却是满目欲望。这是常人们的看见和看不见。同样，常人们也有听觉上的得与失：他们自己带着沉重的脚镣，却听不见这镣铐的铿锵声；他们只能听见财宝落地和自己加速跳动的贪心。

西方近代兴起的实验科学，正是在摆脱了上帝之后，人类自己"拷问自然"（培根语）、改变自然并重新创造人自己的此岸用在世界的写照，实验科学是以布尔乔亚为代表的新人类的创世记。

哲学与科学的差异就是它只是**发问**，但并不终结追问，哲学的真问题总是一种不断深化的可能性。

面对一个哲学史上的思想家，最重要的方面就是不能将过去的思想看成是死去的东西，而是要从哲学历史文献中重新看到思想家活生生的存在。

哲学史研究不是简单地复述一个哲学家的概念体系，而必须是通过**重构**一个思想家的人生体验和价值诉求来体知他的思想本质。

把握现实生活存在的根本性途径，不是将概念看作现实的镜像式反映，而是将其透视为给予现实有序性结构的逻辑关系，即**构序性**关系。这样，意向性就不仅仅是意识关系，而是指向存在的有序关系形式。形式的意向关系就是一种对生活本身的有序建构。

与自然科学中的物理时间不同，历史时间不是**量的**均质性（homogen），而是不同文化精神建构异质性的积淀晶化。

历史对象总是不在场的，史学家只能通过自己当下的生活重构已经逝去的生活。

永远处于走向真理的**路上**。

在虚假的学术场现实中，为了讨好大他者，人们忙于自己的各种表演，或自命不凡，或咄咄逼人，或玩世不恭。

由科学性的**工具**理性铸就的**可计算性**和夷平一切异质性的**齐一性**，正是马克斯·韦伯确证全部布尔乔亚世界基础的**形式合理性**之本质。

无脸的**学术大他者**！即在一个特定学术治安场中掌握着生杀大权的教授和各类学位、学术委员会。

"你"是**非世界之中**的你，是我的真正对象。面对你，我无须**面具性表演**，作为本我，我在你之中才能达到**神**。

迫使一切真实的思想者为了**生存下去**都不得不戴上虚假的伪装之面具，生成一种普遍的生命存在之分裂。

本真的自我不在假象世界之中而是与在灵魂中爱着的你相遇。

任何一种对某个哲学问题的解决，都属于某个曾经在那个时代呈现出来的情境。哲学思考，既取决于思想与总体理论构架的关系，也取决于与时间、地点、各种生活境遇，以及人格相关的文化情境。

社会生活不是各种孤立的实体的聚合，而是种种由人的活动构成的**事件互动**过程之流。

自远古的部落英雄坐在篝火旁讲述自己的胜败故事以来，人们总是保存那些从模糊的生活事实中提取出来的**自己认为重要**的东西。

历史记载总是不完整的，所以历史记载绝不直接等于历史事实（总体）本身。历史记载的对象总是被一定的历史性兴趣决定并生成的，它不是某种**中性的**客观描述或记载。

历史研究不可能是一种纯客观的镜像认识论反映，它已经是内含着研究者的知、情、意的再现式的解释。

人们永远都是通过自己的生活来**重构**（*Nachbilden*）过去发生过的东西（生活）。历史研究永远只能是每一代人新的**重新构境**。

有东西，一下子看到有东西，缘由是这个东西在直接的**周围世界**中向我给出。我们直接看到"有东西"，并非因为物性（dinglich）的东西实在，也不是因为座架于东西的先行性**一般**（康德、胡塞尔），而是由于这个东西在我们身边的**这个**周围世界中获得的某种先行性的关联之中的场境意蕴（das Bedeutsame）。

音乐即灵魂之构境。一个没有灵魂的人，哪怕他有无数的金钱，他也无法进入这个世界化的音乐构境空间。一个没有文化的暴发户，即使搬回"最贵的"音响设备，一切真正的音乐构境却永远与他无关，他总是在无声响的世界中懵着。在这一点上，上帝是公平的。

被我们骂了很长时间的贝克莱的"存在就是被感知"的实质为：**存在者就是被意识**！

人是什么？这似乎是哲学永恒的主题。在克尔凯郭尔之后，人的问题已经经过新人本主义的重构，从抽象的理性类本质移位到**个人**主体性，并成为尼采、狄尔泰等人热衷的思考主题。

批判性阅读不是简单的否定，而是一种思想上的**开放**和**打开**。

阅读不是对象性地还原文本语境，而是在文本的思想构境之中内居，批判性阅读则是更进一步打开思想新的可能空间。

解构不是我们今天一些人肤浅地理解的那样，似乎是把一个原有的结构性的东西拆解和破坏掉，解构是在去除历史（存在）诠释中的附加物和变形后的一种**对原始生成情境的返回**。

思想理论上的返回源始，其实就是要对我们思考本身何以所是的历史性考察，它往往表现为一种线性进步思想观中的"弯路"，即返回我们觉得是自明性的地方，将隐匿和遗忘了的**先行把握**本身开采显现出来。看起来，"回到……"似乎是走了弯路，但这是真正走向源始的唯一道路。

雅斯贝尔斯这个**有终结的**（endlich）生成的有限性是至关重要的，也由此，一般意义上的**定在**（*Dasein*）才成为**有走向死亡的时间维度的此在**。石头有**定在**，但没有这个构境层上的**此在**。

生命是作为包围和建构一切遭遇性事物的**有意向的关联场境突现的**。

我，是生命个体此在，我总是在一种包围着一切的生命整体中被引导，这是一种照亮一切个别东西的光亮。

但是，这个照亮不是理论一般对个别的逻辑照亮，而是现实生活中的构造性"照亮"，因为，一切在此包围性关联中出场的事物（Begegnende，遭遇物）都被把握为一种为了什么的现实意向，即从生命而来的**自行构成和突现**。这是一种生存性的格式塔（Gestalt）建构，对象不再是生命主体的对立面，而是生命**构序**（ordnen）的场境结果。

生命由于**面对死亡**而获得**历史性**此在。

我们就是历史，此在即本己发生的历史性，而良知和责任构成着本己发生的历史的本质，这种历史性（Geschichte）区别于那种对象化的过去之物的历史学（Historie）。

不在旧的轨道上对原来行驶的东西进行修补和改革，

而是让旧的东西通过自身解构终结（被克服），并且在**另一条**轨道上从新的开端出发生成思想新境，这是后来海德格尔思想中最重要的革命性思想构境法则。

旧哲学是学术上的"活跳尸"。

海德格尔表明，自己将不再接着旧形而上学（应该包括胡塞尔的现象学本身）**往下说**，而是要重返这一哲学原初的迷失之处，前苏格拉底哲学**断头**之路重启一新的开端**重新说**。我们做学问，通常都按照冯友兰先生指点的从"照着说"到"接着说"的理路走，可真正的大师则是不再接着说，而是**重新说**。

学术中的好奇，就是无思地追逐学界中发生的种种时尚之物，这恰恰表现了某种内里的空虚。

打着 XXX 学的旗号，不时地召开一些没有任何实质思想内容的研讨会，出一些不痛不痒的论文集，以表示自己的平庸学术持存。

关涉不是单纯地做事，而是内含着欲求一定目的的期待，与过去作为行为、实践一类物性做事未发生时强调的**需要**不同，期待总是已经**在做事情中**对目的实现的期冀。

哲学的解释不应该是某种**理论传递中现成知识点**的说明，它缘起于对原有思想追问中的**先行确立**，由此生成哲学之思的前提条件。哲学不是知识传递，而是追问之思。

我们在课堂上总说"哲学是理论化、系统化的世界观"，可是，关于何时何处、以怎样的方式，哲学才成为一种面对整个世界的"总的看法"的**历史性的被给予方式**，我们却是不思不说的。

科学-认识论是**建构**对象性世界的有序结构（无意识地"向自然立法"），而现象学则是对这种无意识客体化的石化结构进行解构，即将自然解释倾向（natürliche Interpretationstendenz）的常识状态中的被遮蔽的前理解和先见构境构架现象学地反指和显示出来。

人们往往行走在道路上却对道路本身无思，而现象学的解构恰恰是将科学中没有自觉意识到的认知本身的"怎样"通达的方式（道路）显现出来了，这就是显示中的**形式**。

哲学不是一种死亡的石化了的**知识性对象**。

哲学不是什么现成的、确定性的需要灌输给人们的东西，哲学根本没有历史学意义的客观对象性，所以它不是文化客体，它也不能通过死亡了的概念体系异化为教化的意识形态。

哲学不是对外部客观对象世界的一个描画，它本身就朝向……的行为。哲学本身就是一个有意向的发生行为。

真正构成意向性的现实基础是**指向某物**的行为关系，这也就是马克思的实践。海德格尔是依托实践走出胡塞尔的意向性的意识围栏的。

相对于存在者的对象性实在，存在是那个看不见的形式之**无**（"空场"）。

关系是一个**反思性的中介**概念，凡有关系存在的地方，一定是有**主体性**的。在自然物和动物那里，是不存在任何关系的。

不同于黑格尔-马克思的关系论，海德格尔这里的关涉进一步将关系中那个作为之间的**主体性**关系转换为更明确的主体对某物的有意向的**干涉**。关涉是践行中**有具体意向的做**，这种做的结果则是为了让事物**进入一种秩序**，即**构序性**，这恰恰是黑格尔以来主体性"关系"本身的实际暴力**意义**。比如，这个关涉的本质，曾经在我们与自然的**现代性**的关系上被培根表述为"拷问自然"，被康德剖解为"向自然立法"，被马克思直陈作"征服和改造自然"的生产力。

这个关涉是过去马克思式的实践的**意向化深入**，过去的实践强调了主体性的做事情，而关涉则是**具体地干**

涉某物的做事情。**关涉，是胡塞尔那个观念意向性的生活-实践化。**

一切所谓的对象都是处于一定的世界之中的东西，对象不是被与世界无关联地放置在那里的东西，对象总是**在世界中被遭遇**。

对象之所以假为实体对象，只是因为它们被遗忘了自己只能是在世界之中被关涉性地遭遇，遭遇不是一件外部关系性的事情，不是假象中的**对象性的照面**，有意蕴地遭遇就是它们存在于世界的基本方式。有意蕴地遭遇解构对象性的照面，由此，对象解构为关涉事物。可是，在传统的主-客体二元认识论中，关涉性的遭遇事物反生成为"外部"对象，我们在虚假的表象逻辑中不认得它们的遭遇性本质了。

世界的本质是建构场境。

世界是生活本身中生成的**指引链环的场境突现。**

世界不仅不是物性的外部实在，也不是某种一成不变的固定场景，实际生活发生的每一次改变都将以新的历史性意蕴重构世界。世界就是历史变动中的践行关联与境。

不是我们生活在物性的世界之中，生活就成为世界，世界是当下建构的格式塔场境，是在有倾向的打交道中被我、你、他（她）关涉性地共同建构的。只是，我们不自觉地将其畸变为一种外在于我们的物性"表象"。

世界本身就是我们建构的场境格式塔，可我们又被这种我们创造的场境所裹挟，这就是传统所说的异化和物役性现象了。

当我们把世界上的一切先行发生的事情（存在）都遮蔽起来，我们就落入无穷无尽的对象性物欲之流中，于是，我们才会发疯一般追逐虚假的名望和地位，执着于算计利益得失的成功和胜出，忙碌和喧哗于这些身外之物的门面装点，而浑然不知地自我疏远化。

我们总以为在物欲占有中获得了直接的对象，可我们却将自己的生命本身掏空了，看起来，我们在金钱、高档汽车和别墅中获得了人生目标的实现，可那恰恰是对本真生命意义的根本性疏远。

当人们不知道自己作为奋斗目标的物欲对象的占有不过是**虚假的面具性**的东西时，这种无限性的求新和进步就是一种对生命本身存在的阻断。

当你紧紧拥戴着财富和地位时，恰恰是离自己生命存在最远的时候。从生活的全程来看，这一点尤其显著：当你步入坟墓的时候，你才发现这些都是身外物，而你恰恰一生中唯独没有拥有生命本身。

当人们今天疯狂地追逐高档奢侈品的时候，当钻石、豪车和别墅在场时，人的生存本质（形式）是不在场的。我经常在课堂上说到，当一个人脖子上挂着手指粗的金项链时，他本身的生命存在是无。

胡塞尔的现象学还原中的直观，固然已经不是自然态度中的感性直观，他也在意识发生结构中做了极棒的向先验本质的多重还原，可是他恰恰忘记了一个更重要的方向，即直观对象和直观活动本身都是**被建构**的，只有在与意识相反的**另一个方向**上还原，真相才会出现。

在存在（实践）中，可直观、可理解的东西，总是过去生活情境中制作和建构的历史之物，我们每一次面对它，无论如何还原，都是这一历史之物在以我们当下自己的生活情境重构式的**假性**在场。

人们永远都是通过自己的生活来**重构**（*Nachbilden*）过去发生过的东西（生活）。

历史研究，永远只能是每一代人新的**重新构境和关涉性内在居有**。不是对象性的认识，而是重新在生命中构境式体认的居有。

人们所面对的直观和理解的"对象"，已经鲜有天然之物（Ding），通常都是过去被人建构起来的历史生活之事物 (Sache)。这里的历史本身，显然不是指**神目观**中假设的那种客观发生着的历史现实，而是理解处境中作为历史学研究**对象**的历史**现象**。

哲学研究的对象不是直观中的物，不是还原了的可以离开人的存在的先验本质，哲学研究的追问的基本方向就是在此的生命存在，这不是从外部加给对象的东西，而就是实际存在状态中的人的生命**此在**。

沉重而悲苦地思是哲学之本，是生命之责任。而脱离这一切真实的世间之重，一切都变成了外表式的镜式轻巧映照（唯物主义的反映论），或者干脆对这个世界中的俗事的投怀送抱（功利性的实用主义和伪幸福之中的享乐主义），以及根本不涉及这个生活世界的形而上学逻辑伪建构，这些都不可能真正通达哲学的本意。

哲学研究本身就构成此在存在的一种特定**怎样存在**的

方式，所以**思即在**，二者是**共时性当下建构**的，而不是一个东西（存在者）在认知构架**对面**成为层层剥离的还原对象。

在海德格尔看来，实际存在的生命运动（不是生命概念）的现实本质是一种与物（人）打交道的活动场：不是生命**在世界中**存在，而是生命**就是**建构世界的交道性活动，生命的交道活动**就是**世界本身。这样，传统本体论中的第一性的**本原**（*Arche*）就让位给一种**生存论入口**。这才是**从本体论转向存在论**的真正开端。

人的现实存在不是一个孤立的实体，而是**目的性地**牵挂于某物的活着，这不是观念的意向，而是人的生命存在的事实上的何所向，**向着**事物，与事物和事情**打交道**。

在交道世界中操持物和人，生成财富和支配权力，这二者的占有都会使沉沦成为一种安慰性的迷入，即将生命固定于其沉沦的自在的境况之中，并且误将沉沦构境为自为性的生存情境。

语言即交道世界之说，语言即关涉存在之言，这样，世界中的语言就只能是沉沦中的话语。语言当然也就是对本有的遮蔽。**语言说，则本有不在。存在是语言之家**恰恰是在否定的构境中被定义的。

平均，即无质性，切换到人的个体生存就是无思、无责任、无立场的**无主体性**。在通常的生存中，你有肉身在场，可你真不在。这就是海德格尔很著名的那个"无人"的**常人**（man）生存说。

在这种交道性的生存中，做主的是关涉性环顾建构的境况（Lage），是大多数人都这样做的居统治地位的潮流，是无意识生成的无主体的公众，所以此在交道性地在世往往是无本真此在（"无人"）之在。常人即无脸的众人，你流行故你不在而常人在，你只是作为常人沉沦于操持。

你将生命融入这个交道性世界里，你一定会处于操持关系的平均状态之中，这种平均状态的常人生存的本质就是"生命对自己遮蔽自己"，只是你在平均化的常人状态中，你的本真生命存在恰恰不在。

面死而生，此在只有时时刻刻在面对自己的终结——死亡之后，才能将此在生命在此存在的每一瞬间建构为最本己的圣境。

沉沦中的忧虑和对死亡的拥有，都会使生命存在的本己**反衬**出来。

传统意义上的本体论和逻辑学必须从虚假的"世界观"中摆脱出来，因为被全部形而上学当作绝对本质追逐的东西，不过是人们无意识地对具象的交道性世界中现成实存物的抽象和把握，所以，全部西方传统哲学不过是对非本真的关涉世界的错认，它再精制、再革命，都是非"穿凿性的解释"。

传统哲学应该自觉到自己过去的观念活动并不直接是对"本己性存在"的把捉，而只不过是对**实际存在的人类生命运动及其交道世界**的假想性解释。在那里，交道性功用世界被误认为人之外的感性物质实在（哲学唯物主义）、绝对理念（唯心主义）和先验本质存在（现象学），其实，这都不过是对现实交道性世界的一种抽象形上之思（"普遍性"）。

现象学之现象，已经并非为向着先验本质还原的"看"和感知中的意向关系，而是朝着实际生命存在而去的**交道性客观意向活动**。现象是实际生命的**怎样**存在和对其称呼的**怎样**言说的方式，一种东西之所以对象化为现象性结构，不是因它的自为实存，而是因为它在交道性世界中被刻画（后来叫被座架）为一种**为我的关涉性现象**（出场与显象）的对象结构。

哲学史不是讨论已经过去的思想之物的**逼真性复原**，因为任何解释都已经是**重新构境**；哲学史不是对自己之外的某个他人的思想生产与创作的偶然回顾，因为哲学史总是在建构一种新的逻辑总体；哲学史不是用于哲学家主观地设计令自己愉悦的形而上学世界图景的游戏，因为，哲学史的思考必然是解构式的沉重追问。

对于任何一种文本和思想的理解，都只能根据观察和探究的一定**视位**和**视向**来照亮(überhellen)研究对象。通俗地说，就是你首先要知道进入研究时自己手中掌握的解读方式、特定的视角和目的指向，这是决定被理解对象**以何种形式显现出来**的前提。

存在者的**外观**不是现成自在的，而是在人的交道关涉的何所向中**被制作生成**的。

人对物的命名根据其外观，而这个外观不是一个东西外部的感性显象，而是存在者**在制作中在场的何所向塑形**。一个存在者被人叫作什么，不是物本身的**本有客观属性**，而是人对其在交道性环顾结构中的**功用构形**的称呼（命名）。

人们逐渐忘却这种原初的生成事实，而将这个事物的外观**误认为**存在（自在本有）的显象，并从杂多的非自在的显象中抽象出不变的、石化的"一"（本质）来。这就是自埃利亚学派发端的那个"多"与"一"的存在辩证法的**逻各斯的构境真相**。

在传统认识论中，人们以为自己在客观地认知我们**之外**的对象，可是，康德发现了自然对象总是以一定的方式显现出来，胡塞尔更是进一步说明了这种主体向度的复杂显象结构和无意识发生的误认机制。然而，海德格尔这里的拆解却转换了一个视位，他首先不是从主体向度出发，而是深究了已经现成石化为存在者对象本身的**被制作性**，并且，这种制作不是人之外的上帝之为，而是缘起于人类生命存在的实际性交道活动。在这里，海德格尔彻底打乱了**客体与主体的二重对置关系**：人在交道性何所向中创造了周围世界中环顾钩链的一切为了人类生存的新型客观存在，关涉效用塑形了这些非自然存在物的价值功能，这种**为我性的功效之物性结晶**即它们成为存在者的真正缘起，这是存在者真正的被遮蔽起来的先行具有结构。认识论和现象学面对的存在者外观和对这种外观称呼（命名）透视后揭示的所谓本质呈现，不过是**忘记了这种起源**的逻辑假想。逻各斯，不是对外部自在事物显象的本质把握，而是对生命存在交道性结晶——存在者的外观透视。只不过，它被假想为某种人之外的客观逻辑结构。二元论中的主体与客体的对置，现在成了**一种复杂的存在交织和相互内居缠绕**。这就像中国的太极图，你中有我，我中有你。然后才会有马克思-狄尔泰的"既是编剧又是演员"的社会认知中的历史剧之说。

康德和胡塞尔的现象其实都不能简单地**被观看**，先天综合判断架构统摄的揭露和本质还原保证了作为存在者被观看的主观现成性的打破和解构，但**对象本身**仍然被假定为是现成性的，因为我们在康德和胡塞尔的现象学中不知道被观看对象本身的交道性被塑形与被建构，以及这种构形对观看本身的基始性意义。这也意味着，还原了的纯粹现象本身仍然是被制作的。任何观看和解释，离开了这个根本性的存在论基础都将是**自欺性**的。这就是海德格尔所提出的存在论结构和机制的新思想构境。

学术研究的本质，并非一种客观性的**逼真性**或者现象学还原后的**纯粹性**，研究就是交道，交道即存在论的实质。所以，任何研究都必定起源于操持性的交道何所向中，从何而来的"为了什么"，交道活动的何种方式的如何被制作，总是悄悄地沉默于深一层的通常看不见的存在论构境中，但它从根本上决定了研究与观察的质性和运动结构。

从主体的视位看，我们看起来是在对现成的存在者进行观察和理解，但这些主观性的面对恰恰是对存在者本身**石化性**保真的一种方式。这种所谓的**保真**（Verwahrung），既是固定存在者的外观，又是遮蔽其真正的起源。所以，这个保真在一定的意义上是无意识中的伪保真，这个伪保真恰好与符合真理观是相链接的。

形而上学所基于的形下之器物不再是本有的物之存有，而是人的功用性交道世界中的保真了关涉性何所向构形的**物性存在者**（*Sache*），这里的形而上的**道**，已经是人的交道之道，而非本有的天然之道。

海德格尔从来不会简单地依从一个文本的外部结构或者原作者设定的思想构境，通达作者的基本意图和原初语境，而总是在一种透视性的重新构境中，让一个文本作者自己都没有意识到的东西深刻地呈现出来，我将其称之为**透视性文本构境**。

伦理学即思考人类主体的行为规范和价值取向，通常，作为一种至善的道德导引，历来以天道正义为客观指向，所以，到了康德那里才会出现将心中的道德律令与头顶的星空作比的诗性构境。可是，在海德格尔看来，传统伦理学中的正义与善行都是自然解释态度中的假想，因为，人们没有透视出这个世界中伦理学的本质不过是对人操控天然物质存在的交道结构的行为——存在（Sein）的某种"保真"，对交道性存在者的居有方式。这似乎是说，伦理学的要义不是至善倒是**对真理的追逐**了。

人们自以为寻求的是与外部客观对象（本质）**符合**的真理，而实际上，这不过是人无意识地面对自己在交道性中生成的**无本己的**存在者，这种存在者的存在方式，即它们不是以自己的本有状态在场，而是以人的**关涉性定位和何所向的塑形**在场。于是，真理之真也就非神目之真，而是无遮蔽、无本己的关涉关系之保真。

所谓真理，看起来是一种主观判断对现成对象的认知，可是，这个作为给定对象的存在者的先行存在本身却是由交道性的制作生成的，这种生成让此存在者不在自己本有的隐藏状态中向人的关涉意向之何所向**无遮蔽地在场**。更深一层说，解蔽即**非本有**，其中渗透着**存在的统治**。

真理正是人的德行之**善**。这里的善，即向物的**功能性**索取和"我要"。

传统认识论只是停留在现成物外观的记录（反映论）

和符合（真理观）上，却无法知道这种外观背后的本真性是某物在特定交道中的"作为什么"的无遮蔽在场之存在，外观（表象）不过是对这种"作为什么"的称呼和谈论结果。

作为询问的理智像一种**光照**，以对一切交道之物的支配能力（培根的征服自然后的"拷问"）照亮这个周围世界，给出一个交道之物（存在者），给出这个非本己的事物**在此出场**的时间与空间，给出一个我们得以看到它的世界性视野。

在我们遭遇的这个交道性世界之中，一切存在者的存在都是**实践性的**东西，物与人都只是在它们处于这个世界中**已经先行的操持关联结构**中遭遇和出场，这种遭遇在作为实际生命存在制造出来的操持的环顾中，总是以完全无遮蔽的瞬间（Augenblick）被建构（物性场存在）、被构境，这每一个瞬间的规定都以**主体的存在要求**而塑形为一个一定的怎样（Wie）、一定的方向（Wozu）、一定的程度（Inwieweit）、一定的缘故（Warum）。

康德认识论中对杂乱感性现象之加工并非发生于主观的先验构架的综合中，而是先行地发生于这种交道性的原初**被给出**。同理，交道性的现象结构和逻辑构序也必然规定了观察和认识的丰富性。

神的本质就是那个没有出场的人类主体的最高存在（绝对本质的抽象），它的被误认的偶像物就是**最高的大写的存在者**。在这一点上，海德格尔显然比费尔巴哈深刻，在后者那里，他只是将上帝的本质视作人的感性自然类关系的颠倒，他根本看不到人的主体存在之暴力。由于"神性之物"摆脱了交道和操持之中任何"情绪性的关联"，所以它在纯粹的运动中失却了具体的欲望和感性、激情和冲动、爱与恨，故而才有非人的**神目观中的至真和至善、至美**。

对象性的存在，即在我们对面站立的东西之实在，所以，对象总是面对（für）主体的。这种东西其实是理论一般**形式化**的产物，不管它是观念对象还是作为感性物质对象的"自然"。

怎样活着，决定生命何所向的道路。

解释之中的传达之差异不是理论观点的变形，而是人们自己的生存意愿之附加。在马克思那里，就是说，观念不是观念自身的事情，而是历史性实践活动构形的映现。用我的话来说，即所有解释都只能是一定时期的人们以当下的生活重构已不在场的历史之思境。

逻各斯（λόγος）是关于某物（存在者）的话语，对话是与世界**打交道**的讨论。

解释总是从此在自身的存在特征（关涉在场性）出发，解释只能是以此在自己的理解方式去生成和去存在的可能。换成我们常人的讲法，即任何解释都是我们个人的事情，解释不会是从客观对象性出发，而只会从解释者自己出发。这种从自己出发既不是主观主义，也不是一种观点或理论的先在统摄，而更深地缘起于每个解释者自身的生活存在质性。所以，任何看起来追逐客观性的解释，都只是解释者自己独特的实际生活构形而成的理解方式之下的自觉或不自觉的"去生成"。**解释结果总是你的存在之生成物。**

海德格尔的思想之深刻，总是会体现为像孙悟空棒打妖精，把现成的意见剥光伪饰打回原形。不过，这个原形是不可直观的，在我们长久遗忘之后，我们即使面对它也会漠然不识，这就是自我异化。

解释不是对象化的说明，即面对一个东西、一个文本的客观说明，解释总基于实际生活的存在本身，理论科学解释不过是存在实际性渗入的**无意识**逻辑表述。用我的话来说，就是理解永远是我们用自己的生活重构曾在的过程。解释不仅仅是理论中的说明，而更深地体认着生存实际性中的**怎样**存在。

解释的真正根据是每一个生命个体的此在，不管是否自觉，你解释的**总是你自己实际生活的存在特征**。

意识的本质不是对物质对象的直观，而是一种经过实践中介的，具体地说是历史的生产力功能度折射出来的变化着的能动反映。意识的本质是一种我对外部现实的实践关系的能动反映．转换到解释学的情境中来，也就是说，理解总是我对我环境的关系。这个环境不是对象性文本的现成存在，而是每一个释义者的实际生活；这个关系不是简单的直观反映，而是生活情境对文本理解的重新建构。

一种生活现象和一个文本的意义，永远都只会是理解者和阅读者在实际生活中践行过，才可能被打开。

解释总是无意识地在解释此在最不起眼的自己**平日**生活，即此在在存在者状态中的生存。理解文本看起来是在追问原初语境，而实际发生的却只是你的平日生活情境对另一种已经消逝的思想生活的重构。

解释学的本质不是追逐文本知识，而是构境意义上的存在和每个人的真实生活。如此看来，解释学就不可能是一种对死去的"过去之物"和现成对象性文本的"客观"占有，而是一种生命的**投入**（*Einsatz*）。

长久以来，哲学变成了一种普遍推理和公开讨论的对象（抽象的哲学定义和普遍的人性），以致它畸变为离开事情本身的一种没有实质性追问的无时间的抽象概念游戏。

我们的哲学研究什么时候能够从对典籍和大师的盲从中转向发现其中的空白之处，那才真正有了可期待的希望。

坏东西倒过来还是坏东西！比如将黑格尔的观念唯物主义简单颠倒过来，用物质概念取代了绝对理念，其结果仍然是观念唯心主义。建立在唯心辩证法简单倒置基础之上的"唯物辩证法"体系的本质仍然是唯心主义的。

今日不是无内容的时间情境中普通的每一天，今日是此在当前在交道性世界中由无数的"每一逗留"建构起来的当下在场。

平日之"此"，恰恰是指被常人的无形暴力**夷平**了的每一天。

依海德格尔所见，与黑格尔对时代的判断正好不同，我们的时代是一个被他者夷平化的**坏东西**！因此，哲学如果是"时代精神的精华"，那它就代表了这个时代中与存在状态同质的最坏的流俗本质。

在海德格尔这里，被布尔乔亚追捧的那个市民社会中的**公众**就是那个**无脸的**常人，你只能在所有人的解释中解释，在常人们的共处同在中存在，否则你将不是大家解释为**人**的人。这个"公众的被解释状态"其实也就是拉康意义上的他者，作为你的本质的无意识，只不过是大他者的话语，你只能欲望着他者的欲望。如果你不能被公众解释（理解），你则成为福柯语境中的"不正常"的"疯子"而被逐入疯人船。疯子恰好是**非常人**！也是在这个意义上，一个时代中的**教化成人**（从幼儿园到大学）是建构此在的今日性，而一个时代中的**流行和时尚**则是生成此在的平日性。由此，你总是活在特定的"公众的被解释状态"之中。否则，你就会被 out（出局）。

最大的魔鬼就是**无此人的**常人，我们恰恰是在无意识**认同**常人中失去真正的本己性的。常人即拉康所说的魔鬼大他者，它不在**外面**扔苹果诱惑你，它就在你心中。它不是专制性的外部强暴，而是被此在发疯一样追逐的本己欲望对象。

红尘非**物**而是操持之众相。

与当下世界本质一致的时代精神恰恰是常人化的公众被解释状态的集中体现。时代精神即常人**政治**，也就是一般所说的**看不见的意识形态**。

常人不是无"人"，而是无**此在**，是在一种**人们都这样认为**中的此在在场-不在场的生存状态。

如果你不按照学术常人们的话语方式和立场写作，你将不被这种公众学术治安场所接受。你如果现在是一个研究生，你因为自己坚持独立的见解硬与导师组的意见相左，那你将拿不到学位，并将无法在这个学术治安场中找到工作。

此在的实际生存取代了抽象的"人"（理性的动物等

类人），但真相更可怕：你在学术治安场中实际地活着，然而你必被学术常人幽灵般地夺命；你在政治权力场角逐，可你必被政治常人代表。"Niemand"不是真的无人，此在在场却是**空心人**。空心，则是你活着的**代价**。

在大学的学术治安场中，你只能被一定的看待事物的方式和一定的视域座架，你被教导如何看（认识和思考），在什么范围内看。你可以学术地看到经验中没有呈现的东西。在一定的意义上，此在甚至是有意识地向这种公众的被解释状态贴近，因为这样可以防止焦虑，即与大家**不一样**（"老土"、"民哲"、外行和没有进入状况）。所以，此在让自己**照面**的时候，就已经让自己处在公众视看无异样的如其所"是"（你是一个博士、一个教授）的面具表演中照面，你让自己像一个常人觉得应该如此的状态忙碌。

凡·高不愿意为了五斗米进行面具性表演，也不愿意按照大学的学术常人所规定的看视方式和范围去进行学术表现，所以，他从自己本有的内心出发常人般地画画，他就是在与入世的**此在**争执，可是，最后他发疯了。此在不是本真性的生命存在，而是存在性的照面，凡·高不肯放弃本真性存有与此在的斗争，结果是发疯。

海德格尔并不想发疯，所以，他选择了戴着面具的**表面顺从**的表演和表现，并在现实的学术治安场中与一切形而上学的统治进行不懈的争执。

在今天的**网络今日**之中，新出现的网上常人除去夷平化，还直接居有了暴力的特征。网络**平日**是一个更可怕的空心化过程。

通常是离我们最近却不为我们所识的东西，有如我们的睫毛，天天透过它看世界，但我们从不会关注它。学术和文化上的"今日"（Heute）就是我们的逻辑睫毛，它每时每刻让我们看到世界，可我们却看不到它。

把历史变成**图表**，这已经是一种可怕的对象化畸变，简洁的、一目了然的东西必是**非思**的。

过去，存在的有序性通常是与神创论和专制结构一致的。当专制社会解体之后，布尔乔亚非政治的有序性多半会带上**天然性的**面相，比如从重农学派开始一直到哈耶克的"自然秩序"。

传统哲学的研究通常就是这种**体系化构序**的"定位"工作：先是建构一种能够把现象后面的存在（本质）有序性关联起来的框架，即从最抽象的"一"（绝对

存在、上帝、先天综合判断、绝对观念、本质直观）
到分有它的各种水平和次等存在本质的基本逻辑思
路；然后再将各种具象的存在者放置到不同的被座架
层面上，以生成对存在者整体的把握。

西方哲学千百年以来的学术传统，即**对现象背后本质
的认知和揭示**。哲学研究的对象是透过"存在者整体"，
即对象性的感性现实和多变现象的研究，从其背后发
现的作为万变中不变的**关系性**"存在"（埃利亚学派
启始的"一"和本质），这里，哲学看到了常识经验
中无法直观到的现象之间的秩序联系和等级关系，现
象和事物在这里被入序和等级化。**关联**（*Relation*）
是对象化事物存在的本真性透视和**本质**认知。

"存在"（本质关系）本身也被构序为不同的层次（列
宁所说的"一级本质"和"二级本质"），其最高的

存在即绝对观念和上帝，不同的现象和本质在这个大写的"一"中同一起来。这就构成了一个有序的**关系体系**，并且，这是一个运动之中的有序关系体，运动变化中不变的有序性即**规律**。由此，本质与规律反转为现象的**本真性**存在。

在辩证法中，我们是将**实际性生存的存在性质和交道性关涉结构**直接变成了某种"外部对象世界"的本质和结构，并用一种理论表象逻辑关系颠倒地将其表征出来。这种被构造出来的逻辑关系常常成了我们观察世界的某种盲目的先在自明性。比如，黑格尔是将人类生存的交道关系和结构畸变成抽象的理念逻辑结构，再将其视作世界的本质，这是他唯心主义辩证法的基本构架。但如果我们仅仅是将黑格尔辩证法中的观念换成物质，就以为获得了"唯物辩证法"，这恰恰是一个幻象，因为我们还是在将黑格尔的**逻辑结构**

强加给外部世界，只不过我们硬将其指认为唯物主义辩证法罢了。

当你面对一个似乎是自在的认知对象（Ding）时，其实你没有注意到这个假想对象的**被建构性**，因为你并没有真正发现"对象"本身是**如何显现为**对面站立的东西的。其实，这是从康德–黑格尔那里就已经开始的"现象学"证伪逻辑。任何成为对象的东西必生成于一种"一定的看"，这个**能看到本身**就是被建构的，你能看到一个东西，是因为你已经在关于这一在我们之中的**事物**（Sache）的一定的实际存在中熟悉和了解它。

我们的世界不是传统哲学中面对的对象性的实在东西（主体和客体）之和，世界是在此在生存中**被遭遇的一切**！这是对主–客体二元世界图式的解构，遭遇即世界，主-客体在遭遇性世界中被重建为一个发生着的**事件性的场境存在**。

空间不是对象性的一种可放置物品的空架子，它是**意蕴建构的周围性**，在世界**之中**并非指某物的被放置，而是指处于意蕴生成的**突现场境的周围性**。而所谓自然空间和几何空间的二级幻象，不过是这种建构性周围意蕴链的不同眼光的外部对象性构型（格式塔，Gestalt）结果。

意蕴并不发生在事情由**不同理论光线**照射生成的对象性表面外观上，它不是表象性认识论的对象，意蕴只能在"更加原始的现实存在"之中呈现，它是遭遇性存在本身的特征。

上-手不是个形而上学概念，而是此在实际存在的状态。此在去在即上-手状态中**熟悉**（*bekannt*）和展开的**已经知晓的**何去何往，这就是一定的此在**如此存在**的日常存在方式。

在手状态是熟知的，用个时髦的词，甚至是**身体化中**的习惯和日常状态。熟知即 εξις（习惯）和 αλήθεια（真理、无蔽）！

生活是一种**格式塔场境存在**，它恰恰是由在一个周围世界中的交道性操持建构起来的。

常人不是人，而是一种对人的周围性指引。这种指引，是一种**无脸的暴力**。

10

正因为深深处于与所谓的**正常人**不同的基本生存塑形和情境之中，福柯才会从个人的异样本欲中，建构出我们无法触及的那部分真实生活存在场域和没有光亮的异质性思境。

从传统形而上学认识论转向了认识型投射构式论：不是人们反映性地认知已经客观存在的自然和社会对象（存在者），而是西方资本主义每个时代中的文化结构（认识型）怎么**向自然立法**（构序）和制造世界图景（构式）。

我们所谓的面对历史事实，只不过是匿名的科学认知在社会历史场中遭遇各种已经僵硬的历史档案，必须通过重新激活其中沉睡的话语事件，寻找到话语**塑形**和曾经发生的话语构序的场境之实效。

福柯的**考古学**方法，显然不是传统历史研究中面对物性遗迹时就古代历史所做的考证，而是一种全新的基于话语档案**活化**（重新构述）基础之上的观念考古方法。

正是在照亮黑暗专制的真理性认知（启蒙）控制和支配下的资产阶级那种看起来平等、自由和博爱的**隐性权力线**之下，资本主义民主政治建构了有史以来最精巧的**微观权力物理学**，也建成了人类文明中第一座现代灵魂的全景规训式的牢狱。

自然性，其实就是指商品-市场经济中的生产-流通中的自发性调节。资本主义市场经济中那种无人的自发活动无意间生成了一种新的客观的真实性，它所自发建构的**真言化场所**是资产阶级社会生命政治治理的现实基础。

在传统的学术翻译文本中，当译者提供了依自己有限的学识构境背景选定的相应中译文和概念后，如果他不提供译文原文，他就武断地关闭了通向原初文本语境的大门，这实际上则遮蔽了读者任何**重构**译境和证伪转译合法性的可能性空间，我觉得这是一种对读者阅读权利的粗暴剥夺。在我看来，人们大可不必动辄指证别人译错了，因为翻译本身就是翻译者个体凭借自己有限的他性语言技能和学识重新**构述之结晶物**，而非简单的还原式**逼真**。

话语不是被说出来的词语，而是认知活动中特定的**有序构式**。陈述构式成话语，**话语说我**！

真理，不再是我们对外部客观世界本质的真实反映和复写，求真意志不过是我们（词）向自然（物）与社会立法的支配权力，真理是我们强暴性存在的构序之烙印！

必须坚定地摆脱经典形而上学中那种**顺从的**态度，放弃成天围着学术文本转，不停地循环解释和界定的做法，真正的思想就是要在了无牵绊的"大笑"中断奴性，在破坏后的**废墟本体**中去重新理解和构境。

在歌德要照亮黑夜的地方，布勒东则是要让我们进入白日中的黑夜之暗处。**白日中有黑暗。**

我**研究**我的疯狂、痛苦和悲伤，疯狂、痛苦和悲伤瞬间**不在**。

"社会生活在晚间是不存在的。"当建构社会关系场和维系一定存在构序的人们入睡时，实物依旧实存，但功能性的**塑形-构式-构序**的社会场境即解构为无。所以，社会也在我们物性实在之外。

沉默的考古学则要反其道而行之，它将直面历史中的这种不在场和沉默，它将以常人不可能听到的喃喃低语解读这种黑暗中的缺失。

先前的历史学研究在本质上只是一部面向帝王将相和布尔乔亚新权贵的"辉煌史"构序，那些与这种**大写人择光照**不符的历史真实存在的另一面，总被遗忘在**黑暗的沉默**之中。它们总是在历史之镜的**背面**！

相比于基督神学对日常事务的关注，资产阶级对日常生活（quotidien）的浸透和塑形更加微观化，后者将日常生活第一次完全纳入话语（认知）构式与权力布展体系之中，调查充斥着无关紧要的违法行为和骚乱的微小领域。

资产阶级的权力不再是生活之上的**有脸**暴力，它就是生活建构起来的不可见的隐性话语构序和表现方式。

按法兰克福学派的观点，资本主义控制自然和社会生活的**权力装置**正是由以科学**认知**为核心的形式（工具）理性构成的。事实上，不仅包括人类主体，甚至整个世界都成为他们眼中工具理性逻辑同一性强制拷问的对象。

疯子是精神病学科学理性话语的特定产物，即**不是**正常主体存在的"不正常的人"。这实质上正是一种资本主义社会的**制度性的**游戏。

早在《疯狂史》的研究中，青年福柯就提出了所谓关注沉默的存在的"考古学"。不同于传统历史研究中对文献史实的无批判的认定，他已经意识到历史记载中**史实的被建构性**，所以他要求呈现人们借以塑形和构序历史研究本身的隐性理性结构，或者说是明确主张界划和排除存在于历史研究之中的某种**知识网格**或**栅格**，进而透视大部分历史学家无法看到的**栅格构序之外的另类沉默存在**，即隐在人们所指认的疯狂和疯子背后的真实历史。这就是**沉默的考古学**。不入正史的沉默存在是被理性的标准构序栅格所**排除**的存在，而沉默的考古学就是要看到在平常理性结构和常识可见性中**不可见的沉默存在**。

荒蛮状态下是不可能出现什么疯狂和疯子的，因为没有建构出一个关于"正常人"的标准，自然就没有**不正常的**疯狂；而这种在现时代被钉上确凿科学标签的不正常的疯狂，在以前的神性存在中，只是一种魔鬼附体的异端而已，只是到了 20 世纪，才由现代医学给疯狂套上颈圈，把它塑形为自然现象，入序于这个世界的**科学真理链**。

让你有乐趣、让你认知新事物、让你生产物、让你成为这个世界的创造者，正是通过这种**走向幸福**的虚假伪境的建构，新型的不可见的资产阶级微观政治权力才贯穿整个社会存在。

资产阶级权力由生产启始，通过全新的劳动分工和协作构序链，塑形劳动者的身体、规训人的言行举止，以及布展市场中介空间中的新型日常生活。

资产阶级的权力不再是某种视而可见的、能被直接把持的事体，而已经通过劳动生产和日常生活逐渐布展成某种无法直观的**力量关系构序链**。这是一种情境论意义上的新型关系场境，它固然不如传统社会的皮鞭那么实在可感，可却比皮鞭、锁链之类的外在的强制和控制具有更强的隐性支配力量。

不像传统专制暴力单方面的有脸压迫和消极的被奴役者，资产阶级在生产、经济交往、政治斗争，甚至在每时每刻的细小日常生活中都建构了各种不同的**力量多方面的角逐和博弈关系场境**。在这里，被压迫者恰恰表现为能动的主体，他去生产、购物、投票和旅游，表面上看完全是自由自主的，可是，正是在这些自主生存的力量引导上，资本控制和构序了生命存在本身的内驱力：在经济争斗和生存竞争中，深层控制存在的实质上不平等的社会构序得以发生。在这个意义上，资本主义社会中民主、自由的生存形式本身恰是资产阶级权力部署的方式，或者说是一套从根本上**塑形存在**的不可见的链条和网络。这是当代政治哲学批判中极为深刻的一个新构境层。

现代权力的辩证法表明，**可以抵抗恰恰是资产阶级奴役的一种方式**。

既然认知就是权力，那认知中**正确的**真理就会是权力支配中的核心骨架。比较通俗的解释为：认知和权力之间具有不可分割的内在联系，认知越多，权力越大——因为认知提供了话语孰是孰非的真理标准。

在传统的封建专制社会中，没有对错的信仰——神学话语支持了现实中的"不讲理"的宗法等级，而在推翻了神学统治的布尔乔亚世界中，启蒙之后的自由-

民主生存则拥戴了正确认知的科学真理。在一定的意义上，在这个新型的社会存在中，真理即**合法存在**的通行证，而非真的谬误就得下地狱。

在今天的资产阶级生存中，**真理本身就成为一把切割存在与不存在的权力**（*la vérité est elle-même pouvoir*）之刃！

资产阶级社会生活中的被伪饰起来的真理话语，是一**整套隐性支撑**社会统治的软暴力与言说（*énoncés*）的生产、规律、分布、流通和作用相关的塑形–构序逻辑的程序。那些穿着白大褂的科学专家手中高举的真理火炬照亮之处，总是得到没有任何防范和怀疑的绝对相信和遵从，由此，科学真理便以这样的流通方式与资产阶级总是力图遮蔽起来的权力制度相联系，与某种看不见的权力构序效能相联系。这就是我们今天在**科学技术理性意识形态**居统治地位的时代中从来不被反思的**真理制度**。

资产阶级最大的意识形态，就是科学的**真理话语**。或者依齐泽克的说法，真理即布尔乔亚**意识形态的崇高对象**。

权力在日常生活中对主体的塑形，是通过**认知话语和真理体制**（拉康那里叫象征符号系统——大他者）实现的。经由后者，主体界划和建构起理性的自己与反指性的他者，在这种双重认同之中，主体屈从于他性权力，这也是一种无意识自我奴役的**自拘性**。

作品总是在超出作者的意图，它会是一种更大话语实践的无意识结果。

一本书，自从被作者交到出版社，即已成为一个脱离作者控制的历史性的文本对象（"档案"）。问世后的文本永远是一个孤苦的从来没有人触到的**自在之物**（*Ding an sich*）。在它的周遭，或遥远或还不算那么很远的地方，将不断出现它的解释学"化身"（double）。

社会通过一种差异性的方式界划了**正常人**与被社会故意排除的疯子，通过呈现那条人为的病理学科学话语边界，**疯子总是被建构出来的**。

一切与人相关的事物不过都是在一种特有的**存在**舞台上才得以现身的。

那些被指认为客观规律的东西，只不过是我们自己用特定的**存在论注视**［海德格尔那里叫"关涉"（sorge）］、检验和语言建构起来的主体存在性网络，在这种存在之网的构序栅格中，物自身的存在方式和物之间的遭遇方式才被隐蔽地确定，虽然它们都是向着主体性的存在**自为**涌现之连贯性（海德格尔的"环顾"、鲍德里亚的"物体系"），却颠倒地表现为某种**人之外**的客观**自在**有序性。这是一切存在**历史**发生的根本。并且，在欧洲中心主义的殖民主义强权占有——"发现新大陆"的野蛮侵略和占领中，这种**西式的词对物的烙印**被直接强加给整个**非西方世界**。

阿尔都塞是在路易·马丁的影响下，提出决定一个思想家生产和构成学术理论逻辑的**问题式**（*problématique*）的。由此，他以这种在文本表层文字中不可直达的深层**理论生产方式**为透镜，生成了思想史构境中意识形态与科学之间的"认识论断裂"（袭承巴什拉-康吉莱姆），直接开启了马克思思想史研究的全新视域。

而青年福柯所做的，不过是将在阿尔都塞那里局限于一个思想家和文本内部的深层思想构架，挪移至更大尺度的历史文化中来而已。于是，这种决定了文化历史整体质性的认识型就必然生成一个**断代分割尺**。

福柯的认识型不是某种现成在手的工具，而是贯穿各种关系的不定场所，它是一种强加给话语实践建构和解构的**功能关系整体**，正是这种不同的关系整体构式出不同时代的世界图像。

西方近代以来的资产阶级文化史并不是一个连续的平滑线性进程，而是一幅由多重认识型转换所造成的断裂分割开来的不同的物之构序图景。

存在物通过词说话。或者换作康德的话语，即我们在通过**词**（先天综合判断）"向自然立法"，或换成海德格尔的调式，即"语言是存在之家"。

自然进入科学构序，这是词与物关系中发生的一个重要的大事件。

传统认识型中符号与所指物之间的相似关系被解除，语言不再是物的记号，而成为再现性的**表象**（*la représentation*）构境。这也就是索绪尔那个著名的能指与所指任意关联的断言的奥秘所在。

话语即功能性言说的**场境存在。**

自然科学在古典时代的创立，恰恰是我们这个世界本身的一种**被祛魅**（去魔术化）后的重新"构成"，其本质正是**构序**——向自然立法，用秩序（本质和规律）编织起自然科学中的世界图景。这恐怕也是韦伯现代性社会祛魅更深的认识论基础。

档案，现在不仅是遗迹的物性保存，更重要的在于它是**重新激活**话语构序场境的科学**踪迹**。

历史从神性枷锁中逃出，但在新的档案学之下，以**时间为内核**的连续的结构化的自然历史必然是一个被强暴的结果。

大写的历史是在资产阶级现代认识型中被建构出来的，与此同时发生了**大写的起源**和**大写的人**（现代性主体）。

从黑格尔到青年卢卡奇哲学中最深刻的那种总体性历史意识，恰恰是现代认识型中历史发生的东西，它的本质是将世界放置到一种有着它的大写的**起源**（大写的目的）、"它的流变和它的返回"的线性历史进程中，这是一种**大写的时间**，一种"大写的历史的存在方式"。

通过**拷问**自然而来的现代科学知识，正是资产阶级光鲜伪饰起来的**大写的意识形态**的本质，**这种意识形态的隐恶之处恰恰是它从来不被叫作布尔乔亚！**

科学认知构式的意识形态表面并不是布展幻象，而恰恰是**以祛除传统愚昧的启蒙之光**照亮理性新世界的。这使得资产阶级这种大写的意识形态成为不可抗拒的隐性控制和支配。

认识型的理念先验的真正基础是社会历史先验。

人作为一个方才被建构起来的构境物，并不是自古就

存在的连续体，而不过是一个资产阶级在 19 世纪的
"晚近的发明"；甚至，如同海边沙滩上被随意涂鸦
出来的图形一样，它随时可能在另一个新的认识型的
异质构境中走向终结。

现代性的人，**在古典的意义上**只是一个不在场的空无，
我们必须通过关于他的词、他的机体和他制造的客体
才能**建构性地**靠近他，才能**构境式地**描绘他的模样。

现代性的**一般的人**，恰恰不是一种在上下几千年中不
断被改造、被革新的连续实体，而是资产阶级现代性
背景下突出来的**历史构式物**。

大写的历史观在本质上就是一种连续性的宏大历史叙
事，在这种平滑的连续历史故事中，真实发生的历史
事件被假定为同一性的物性实体的连续改变、上升和

败落。其实质，恰恰是以**同一性认知权力**为驱动的所谓大写历史进程强暴了全部存在。

依福柯之见，学术思想发生中真正存在的只是当下被激活的**话语事件场**（*champ des événements discours*），它在学者由言说和思考过程建构起来的学术思想构境中曾突现式地发生过。话语事件并不持续实在和永恒在场，而只是不断地**突现式地蜂拥而至**（成境）并**迅速离散**（消境）。**学术构境即话语事件群的建构性当下会聚。**

话语事件固然与一种具体的写作行动或语言相关联，也可以在手稿、书籍（现在还有数码影像）等物质记录的记忆场（champ d'une mémoire）中留下一种物性的**剩余存在**（即斯蒂格勒所指认的"第三持存"）；可是，曾经被建构和激活思想情境的话语事件是独一无二的，它不等于任何编织、描述和记录它的文本和语音的物性实存，它总是建构式地在场却随着言说和思考的终止而解构。

突现的话语事件本身常常无法入史，或者说，真实的**思想构境**从来都不可能被如实记载，我们能看到的只是让话语和思想得以塑形和发生的一系列的条件和运行规则的物性遗迹（"第三持存"）。

杀死主体，消除起源和目的论，解构各种有意图的建构活动——我们面对历史，只不过是匿名的科学认知在历史场中遭遇各种已经僵硬的历史档案，必须通过重新激活其中沉睡的话语事件，才能努力寻找到话语塑形和曾经发生的话语场境实效——而这，就是福柯的科学考古学的主要任务。

所有文本的词语**被组织构序**都只是特定话语塑形方式的布展和具象化实现，在这个另类的话语实践构境层中，一个有姓名的作者并不能替代或充当话语塑形方式（认识型）的直接肉身。

真相是，不是作者在说在写，而是**话语让他说和写**。作者总是看起来在场，那个肉身在现场演讲，那个文本真是他写下的，然而那个"谁"其实真的**不在场**。

在一切看起来由作者发动和操持的言说和写作中，其实，都是由某种**外部**看不见的话语塑形方式在规制着作者。一个老师在课堂上讲授，在大多数场境中都并不真的是他在**自主地、创造性地**言说，而是一个他自己都意识不到的隐性知识系统在**让他陈述**，这就是后来所谓后现代状态中的"话在说我"。而作家、学者的写作也是如此，文艺作品中看起来有意图的人物和故事的创造，其实都取决于作者自己背负的文学话语塑形构架和无形的世界观，学术研究就更是话语塑形和思想构境的无意识的布展。

一言以蔽之，并不是作者在写作，而是特定时代中生成的话语塑形方式在文本中的布展：**不是我在写作，而是话语塑形方式在写我**！倘若我们讲，先前，对作者而言，我写故我在，那么现在发生的事件则是**我写故话语塑形方式在**了，因为写作的过程恰恰是作者死亡的过程，作为作者的我在写作过程中已然不在。你以为你在写作，然而，你真的并不在！

从来就不存在作为个人的作者孤立进行创作的情况，因为所有的创作都只能是**一定的**社会系统建构起来的话语的产物。所以，在不同的历史时期中，作者-功能都会呈现出完全不同的形式，但唯一不变的是，人们只能以**一定的方式**在一定的范围内进行写作，一切写作实际上都不过是特定话语塑形和构式操作的结果。

在福柯看来，传统历史学研究方法有四个需要证伪的关键性历史构境质点：线性时间中的**连续性**———种人性、一个社会形态或文化向另一个形态的假想中的系列转变和更新；合理性意图的**目的论**——神正论或改头换面的绝对理念的进步和不断获得自由解放的理想；相互转化的**总体**辩证关系——隐性暴力下的社会有机体论或同一性的历史系统结构；以及**起源论**——应该存在的本真价值悬设，有如上帝之城、异化或沦丧之前的人的理想本质或原初人性。

任何史料都只是对一定时代具体生活情境**有选择的**记载，而事实上任何记载都不可能完全复述和复制生活存在，那些统治阶级不想看到的生活事件是**必定不在场**的。

文献不再被假定为客观历史事实，因为文献**对史实的记载本身**就可能是被建构的。因而，新的历史研究不再是要简单地去解释史料，判定其真伪，而是要关注在这些史料本身之上曾经发生过的**被制作和加工**的真实事件，即这些史料在**过去和今天**是如何被**组织**起来的，它们如何被以一定的可以被看到的目光所**修剪**，被给予一定的**有序性结构**和层次划分，由此建构出特定的合理性历史发展主线。

谱系学是反对起源论的，它不承认事物或现象发生的某种逻辑起点和终点，它只是关注事物的**非还原**的微观细节。

在传统的文本解释史中，人们总在假设作者与自己的文本是**同一**的。文本等于作者，词语等于真实，因而当我们说自己在阅读和解读一个文本时，那就是说我们在从文本中寻找固化其中的作者有意图呈现的**原初客观语境**。事实上，这也是全部传统史学的出发点。

无论是由作者指认出的直接外部文献关系，还是作者写下的作品之间的内部呼应关联，都不可能是现成给予的物性组元的物性实存。真正能构成作品本质的那些事件，是存在于文本之中，由**无形的话语实践**不断突现式地发生着的——简言之，是"由一种操作建构"（constituée par une opération）的**场境存在**——此即非物性的、**运行着的话语场**。

正是这些看不见的话语场运行建构着一个作品或文本生成时的内在**有序性**，也建构了文本被解读的过程中突现出来的理解**构境**。那么，文本存在的根本就不是存在于文字词语中的理念和概念，而是概念**没有死亡时**的当下话语构序，之后的文本解读也就不再是复现概念固定的原义，而是重新激活那个**已经消失的**话语构序和构境场。

话语的核心不是一种连续的语言系统，而是一个言说事件的**突现式**场境发生。

福柯的话语事件不是词语、图表和符号等被记载下来的物性存在（斯蒂格勒所说的"第三持存"），它只是由作者在文本或作品的物质组元中建构出的一个**暂时的**场境存在。当作者不思时，这个暂时的场境存在即刻消失，在所有关于话语发生的物性记载物（文本和视听记录）中，**这个场境是不存在的**。只有当新的读者和听者重新激活这一"文献"时，才会重构话语事件场境，而这个被重新复构的场境并非简单为原先那个场境的复活。

疯子的**不**正常，是对应于**正常**人的标准而言的；疯子的疯癫，是对应于**被规训化**了的生活而言的。

真正塑形和构式社会存在中的客体对象的并不仅仅是话语塑形，更重要的现实基础应该是经济和政治等更重要的社会关系塑形，有如渗透到生活每一个微小细节中的商品-市场关系（金钱王国），话语塑形只是这些社会关系的一种话语呈现方式而已。

主体绝不是实体性的永久物，而恰恰是在不同的话语实践中被当下塑形的。真正发生的事件其实始终是**话语在说我**。我，不过是话语塑形中暂时生成的**伪**主体。

资产阶级的政治并非只发生在政治实践领域，而往往生成于那些看起来仿佛不由政治支配的其他**中性**领域——科学研究、经济关系和言说活动中。

相对于传统的可见可感的直接专制统治权力而言，话语策略塑形恰恰是通过不可直观的衍射的方式来实现自身的布展的。尤其是，这种布展越受阻碍越会通过**弯曲和变形**实现传播。

资产阶级政治统治不再是传统专制的直达性暴力，而是在**允许抵抗**的空间中进一步布展。

在自身的布展中，话语策略塑形常常故意留有无控制的**权力空白**，或者说，没有压迫、没有控制的空白甚至是支配的另一种方式。比如允许你在街上游行，允许你公开批评政府——这些看似权力不在场的空白正是资产阶级政治话语策略塑形的实现。

策略并不是哪个具体主体（资本家或资产阶级政客）的**故意**之举，因为主体本身也只不过是话语塑形的突现建构结果，所以自然也就根本不存在什么固定的主体性的世界观和利益。由此，我们说策略是话语塑形关系系统中的客观布展，并且，它恰恰生成于不同话语运作的**分歧点**中。

资本关系的支配与统治并不是哪一个资本家的**主观故意**，而恰恰是资本主义生产方式本身构式的结果。具体而言，资本的空间流动和内部的有机构成都不是主体性的意图，而只是资本关系在市场中的客观布展。那一众可见的有肉身的资本家，亦不过是"资本关系的人格化"的结果——经济动物罢了。

在人们日常生活里每时每刻、不经意之中使用的言说、写作和思考的话语之中，其实是存在一种抑制和排斥性的压迫，一种被建构出来的看不见的权力之下的话语发生、运行法则和有序性的。在这样的话语构序中，一些人被剥夺了话语权，另一些有话语权的人则必须在一定的话语塑形方式支配下言说、写作和思考。

话语已经是言说背后的一种**看不见的**东西，一种让你**能说**（能思、能写）的功能系统。就在你说、你写、你思时，它突然在无形的支援背景中被建构起来，成为支配你思想境境的隐性权力系统。就在你的话音（思绪、书写）落下之时，它却悄然应声解构和消失在黑暗之中。**它从来都有不在犯罪现场的证据。**话语有一个物质性的支撑（说、想、写），可它并非实体性的物质实存，而是一个**瞬间建构-解构的突现和消失的功能场境**。

教育是一种求真的基础性训练，书籍在传播着既定的真理话语，科学的实验室则号称是制造和验证科学真理话语的场所，一切都是围绕真理建构起来的带有教化性质的"实践"。其中不知不觉发生的东西，正是话语构序权力的支配。

由资本主义商品-市场法则建构起来的正义原则，被资产阶级意识形态重新构境为**天然秩序**——自然法，它塑形和构序了去除价值判断的全部资产阶级事实-形式法律体系，以及由此布展开来的名为**科学真理**的整个西方学术话语知识体系。这也是后来作为资本的世界历史进程重要构式内容——**现代化文明进步**中的欧洲中心论和**他者文化建构**中的后殖民主义的真正本质。

虽然我们常在某个作者死后，发现他留下了大量与评论中体现的思想同一性**完全异质**的文献（如涂鸦），但这些异质性又恰恰会被话语净化原则或作者原则作为偶然事件剔除掉。为此，人们必须引入一种有序性（ordre）和连贯性将作者**重新发明**（*réinvente*）出来。

任何一种科学话语如果要使自己始终处于真理的主导位置上，它就必须建构一种话语治安序序。话语治安即让自己的统治合法化、日常化，并且在每一次的话语实践中让它反复地**再活化**。再活化即话语从"档案"石化状态中的重新构境和突现。

并非人人都持有言说的话语权，只有那些符合了特定条件和资格的人，才可能进入话语界并占有言说的**权力**。

依福柯的看法，所谓的仪规，是指言说个体在进入话语场时所必须具备的某种资格和条件，这些资格和条件使某些人获得高高在上的话语权或**权力话语**。仪规通常表现为：一是言说者处于特定的**位置**，比如学术话语圈中的大学知名教授或研究院首脑、文学圈层中的知名作家和评论家、演艺圈里的著名导演和明星等等，这些特殊的位置往往决定了不同话语圈层中的权力关系。今天中国的仪规制定者，就是在各行各业被众星捧月式供奉着的"演艺大腕"和"学术大佬"们。他们往往操控着底层演员和低级研究人员的"生杀大权"和命运。二是这些居有话语权的言说者所持有的特定话语姿势、行为和特殊符码，比如大学和研究院中的教学与学术的研讨、文学界里的创作和评论、演艺场中的制作和走秀等等。无法挤入这些**特殊话语构序场**中的人们，根本不可能居有话语权。这也是无数青年演艺人员和青年学者想方设法挤入这类场所，以便能结识和巴结"大腕""大佬"，混个脸熟的原因。三是话语权的成立必须存在相应的受众，话语权只有在**受众的臣服和痴迷之下**才能被建构起来。譬如，今时今日网络传播中因粉丝的关注和供奉所建构出来的"大V"主人话语幻象。这就像拉康所指认的大他者与它反射建构起来的臣服主体存在。在福柯的法国同胞布尔迪厄那里，这一话语权被指认为基于名望、特殊地位的**学术资本**和**文化资本**。

教育本身就是等级化区隔活动，而高等教育就是话语权力的**授权**过程。

任何原创性的哲学家总在设定一种**本真性的原始本体**，有如胡塞尔的纯粹现象、弗洛伊德的生命原欲和海德格尔的本有，然后整个世界及其存在都成为围绕这一本真基始的一整套复杂阐释和构序、构式结果。由此，在这幅创造世界的话语构境中，哲学家就成为缔造者式的话语主体。

逻各斯正是那个遗忘了存在的**存在者的**抽象逻辑构架，形而上学正是在对假定为**形下**自然器物的具象存在者的**形上**抽象后生成理性逻各斯的。逻各斯即哲学理性话语中的真理之光源，它是将进入逻各斯之栅格的对象物普遍联系起来的中介，世界上的一切都因被它照耀（"显现和交换"）而被人们所看见。由此，事物的本有则隐入逻各斯内部。在逻各斯话语之中，事物不语。

在福柯看来，档案**不是或不等于物性的文本**，或者说，重构的档案范式恰恰是反对作为传统解释学研究对象的文本的某种新东西，它是历史的文本和物中无法直观到的那些曾经在现实存在和精神场境中构序、构式和构境的话语实践中的规律和系统，其本身就是一种**非物性的**存在。也是在这里，传统解释学的基础——**文本**，被最彻底地釜底抽薪了。

所有档案的建立都会是经过意识形态栅格化的，统治者只会留下对自己有利的物证。

档案的生成就是与原话语构序-构式实践发生的**存在论差异**，当建构性的当下话语实践成为档案时，即不再是它自己。

新的考古学的真正对象是**档案**，这个档案将从死去的文字和物性遗物中**重新激活**话语塑形中曾经突现的陈述功能构境场存在，它将**复构**话语塑形事件场的不同构境层次。考古学研究就是**从档案中重构话语实践的发生**。

光荣经是一种力量从胜利走向胜利的光亮史，而考古学则是走向历史记载黑暗中的沉默差异和不语的矛盾。

相对于传统观念史研究中那套假设一种完整的历史性事物从过去、现在到未来居有某种同一性的持存状态，并由此关注历史的连续性、同质性的思想史构境范式，考古学则将着力揭穿同一性事物之连续性的历史持存的幻象。考古学的研究正是对传统观念史逻辑构序的否定：考古学更多地谈论**断裂、缺陷、缺口**，让人看到那些被传统统治者和历史学家有意无意遮蔽起来的东西。

谱系学与福柯前期的考古学一样，本身就不是要在追逐起源的意义上简单地找到曾经存在过的存在者的客观原状，而是要现象学地"回到事物本身"，去考察事物自身的**发生和呈现**的那个时刻。

考古学的思考对象还是揭露被遗忘的话语实践场境及其激活机制，而谱系研究则已经是在明确**反对现实社**

会中存在的权力控制了。

谱系研究就是要致力于发现那些被历史学家剔除的黑暗中的记忆。

祛序（*désordre*）和**片段性**（*charpie*）是谱系研究抗拒权力的基本造反武器。

谱系研究是要努力辨识每一历史事件的**独特性**，而不是将现象和事件**编织和入序**到某种伟大的线性进程中，即只有当目的性地指向一个君王或革命的目标实现时，事件才具有**历史意义**。

找到**没有本质**的事物，也就是找到历史中的**他者**——这是一种将传统生物树式谱系链斩断后生成的新的谱系真相，尼采就是在这个全新的**倒置构境层**中透视传统道德和重估一切文化价值的。正是在这个传统谱系**倒序**的构境意义域中，福柯深入地发展了尼采这种新的倒置的谱系观念。他提出，谱系研究就是要重新面对那些被总体性历史棱镜剔除的黑暗中的独特事物和现象，让它们重现，即不再是某个重大历史目的和伟大进步目标的"阶段性"事件和"不成熟"的雏形，它们只是无本质的自己，即**非目的论中的历史他者**，这也就是反对起源的谱系研究的真正历史对象。

谱系，不再是连续的总体链条，而是历史细节中的线性血统树谱断裂中的**他者**。新的谱系真相恰恰是有机发生论构境中**系统树状链的断裂**！

青年福柯在 20 世纪 60 年代生成一个重要的**反向存在论**观念，即通过指认一种在现实中真实存在的**他性物**和**非常事件**，这些他性存在本身就是要解构现实体制的合法性。这种他性存在被福柯命名为**异托邦**（*hétérotopie*），以区别于非现实的理想悬设物——**乌托邦**（*l'utopie*）。

异托邦被界定为与没有真实场所的乌托邦相反的现实存在的东西，这些真实存在却时时通过自己的存在**反对和消解**现实，甚至说，异托邦就是现实的**颠倒性**存在，对现实形成危险的一种**他性空间**（*espaces autres*）——**反场所**（*contre-emplacements*）。

人们乐于将自己有限的主观认识伪饰成无偏见的**神目观**。

在每一个时代，被统治者伪饰的意识形态都会被强制性地指认为真理，有如封建专制中的王道和今天市场中的经济拜物教，可实际上它们都是属于那个时代的

合理性的错误。这是真理与意识形态的辩证法。

在传统的历史研究中，人们通常所看到的事件**不是它**
自己，而是走向某个作为终结点的本质性事件（如天
意、绝对观念、文明、现代化）的发生**环节**，那些在
历史中真实发生过但不能同一于这一目的走向的一切
现象，都会被作为假象和偶然性毫无怜惜地剔除。也
就是说，历史事件如果**是它自己**，则就不入光亮的真
理之史，而将停在真理光亮照射不到的**黑暗**之中。这
个黑暗，即被理性目的之光遮蔽起来（删除）的独特
事件的不可见场所。

正是在以认知为控制和支配力量的隐性权力线之下，
资本主义民主政治建构了有史以来最精巧存在构式中
的微观权力物理学，由此生成人类文明中第一座现代
灵魂的监狱（韦伯所说的"铁笼"）。并且，如果今

天的布尔乔亚世界存在暴力，那么更多的也将是"自愿拥护的成分"（布朗肖语）。

资产阶级的权力不是可见的压迫和奴役，它恰恰反向实现于**非压迫性的**幸福生活和创造性生产。这种新型权力是在被成功运用于微观生活的塑形之后，才被资本所牢牢拥有的。资产阶级的权力恰恰不是从政治机构中实施的，它的政治机构往往表现为反权力的民主**表演**，这种社会中的隐性权力是由被统治者的存在**从下往上**塑形和构式的。

在权力的微观物理学中已经看不到外显的暴力和强制了，取而代之的是无形的话语塑形策略；新的权力不再是**点状打击**，而是**发散式的网状布展**：它不是对象性的占有，而是行使中的策略和计谋。

权力不是权力拥有者（布尔乔亚）单方面的事情，而恰恰是由被权力控制者即**新型民主奴隶**自愿来维持和建构起来的。

权力支配恰恰通过禁锢和反抗而传播和布展。相似的事件，比如对色情的禁锢：越不让知道越想知道，越不让看越想看。这正是它得到放大传播的布展方式。

让你反抗正是支配你的一种隐秘方式。

科学认知并不只是作为一种价值中立的工具被资本所利用的，它与资产阶级的政治统治权力在根基上是**共生共谋**的，准确地说，它正是资产阶级制造出来的一种新的**认知-权力关系**。由"拷问自然"（培根语）而来的科学认知所建构起来的**认知场**是资产阶级社会存在中新型权力（支配一切的力量）布展的基地，同时，这种隐性的权力也是认知生产的必要前提。二者相互依存，缺一不可。

不同于专制权力的外部强制，资产阶级将现代社会控制方式演化成为一种支配的艺术，这种隐性奴役的本质就是**规训**，即形成以一种自觉被遵守的纪律为生存原则的**自拘性**。

人们不再为上帝而活，不再奉君主之命而战，现在人们在自由、平等、博爱的新世界中只为自己的幸福而存在。而这种幸福的根源基于金钱，所以，**时间就是金钱**，人的一切存在都在由自己追逐的金钱化时间所塑形，人们是自愿认同这一走向幸福的理想的。其中所发生的资本权力对存在的支配与控制，无形之中转换为人们**心甘情愿的自我奴役**。况且，这一切又都是在科学认知的符号技术和科学管理的塑形方式下进行的。

与传统社会中君王那种高高在上的表演性显赫威严以及直接强加于人们肉体上的可见暴力相区别，资产阶级制造的社会控制方式恰恰不是国家总统或首相那种有面孔的权威（在这里，虽然他们占有了原来"天子"的空位，但这些**有面孔的权威只是表演性的摆设**），在此，权力已**不被占有**，而转化为渗透到老百姓日常生活之中的**无脸的**匿名权力。权力，就在日复一日的寻常生活场境中，以看不见的、温和的**身体化**方式，自动地像机器一般运转其隐性塑形机制。

控制，不再发生于人们**可察觉的**意识层面，它转入了**无意识的**肉体存在内部运转机制。在这里，权力已经悄然转化成了肉体本身生存的**支配性力量线**。

通过让人变得具有能力和工作效率提高，在走向财富和成功中使其无意识被支配。在一定的构境意义上，

成功是资产阶级意识形态话语中的一个重要引导概念，所谓"成功人士"则是资产阶级自指的一种别称。

不是政治就是资产阶级最大的政治!

现代人本主义意义上的人即主体性的个人，在福柯看来，这个主体性的现代人诞生于理性的启蒙，一整套的认知、方法、立场和观点规训式地建构了主体**关系存在**中的所有小事情和生存细节存在场境，甚至整个人就是资产阶级权力关系布展的建构结果。

财富的积累和肉体的技术化塑形都生成了一种**增长和发展**的向度，由此，资本主义社会进步和走向现代化的进程才出现。这是**大写的人的创世记**，也是西方资产阶级现代性的**文明进化论**和**进步史观**真正的缘起之处。

资产阶级政治支配的全新策略与传统政治学领域里所聚焦的那种可见的社会统治和奴役截然不同，它是一种由规训所生成的微观权力控制，是在全新的匿名治理权力控制下所产生的一种**自动驯服场境中**的隐性奴役。

在传统社会统治中，**看得见的外部暴力和压迫**并不可怕，因为我们可以有针对性地做出反抗。在现在资产阶级制作的"民主"政治统治中，最恐怖的恰恰是这种**在沉默的不知不觉中**实施奴役和支配的无处不在的权力。悲剧在于，今天被奴役和被压迫的你不知道自己该反抗什么，更不知道从何反抗。一个不直接在场的匿名权力，使所有的社会反抗深陷无望的绝境。

从不干预方是资产阶级民主政治最本质的无形干预，

表面上不压迫正是资产阶级成功地实施更深奴役的法宝。

依福柯的观点，规训权力不再以执法者手中的皮鞭或者刀枪这样狰狞的面目示人，反之，它恰恰是一种以看似**价值中立**（韦伯语）的科学知识（行政管理科学）为工具建构而起的技术话语系统，一种通过无面孔的专家权威（"没有灵魂的工程师"）生成的法理型的**认同**体系。于是，放大到国家层面上的认同性纪律就成为**法律**，法治社会的本质就是技术化的自动认同和自动驯服的规训存在。社会控制已不再是统治，而是**科学的治理下的法理自拘**。

无面孔的治安权力，是资产阶级政治部署中最重要的布展方式之一。这是一个令人感到万分恐怖的千眼治安怪兽。它没有面孔，却能感知一切，因为社会生活中的全部活动都已成了治安权力的感知场和无形支配的等级网络。

资产阶级统治的全部秘密就在于形式上非暴力统治的**治理化**。

资产阶级反对专制的自然法批判，并不是真正**消除了统治和支配**，而是仍然坚持了一种**以认知-真理话语为核心的新的治理化原则**。治理，即看不见的奴役，由无脸的认知和真理进行统治，这将使被统治者从根本上无从反抗。故而，自然法同样只是一种"跪得"**更精巧的统治治理术**。

在福柯看来,资产阶级发明的社会**治理**（*gouvernement*）不是外部的强制，而是依从**真理**（过去是上帝真言，今天则是资产阶级的认知理性）向自然立法，并进而使生活中的个体屈从于权力。批判的确可以质疑真理（权威）的合法性、真理的实际治理效果，所以批判表面上呈现为反抗的艺术，但这个反抗恰恰是治理本身的实现，即资产阶级的**真理的政治学**。

当我们好不容易通过启蒙从封建专制中摆脱出来时，结局却是再一次屈从于披着科学知识外衣的资产阶级工具理性权力。在这种状况下，作为人的"我"真的被解放了吗？不是，"我"，仍然是没有站起来的奴隶！与封建专制时代相比，只是"我"跪得更好看一些、更舒服一些罢了。

启蒙话语的背后，既是资本主义工业现代性对全部存在的**塑形**，也是资产阶级**有用的价值世界**的建构。其中，资产阶级用以征服和支配自然存在的工具就是现代科学和技术，就是认知与真理话语；在社会生活的控制上，则生成了新型的**无人统治**的政治治理术，这种治理方式本质上是更加合理的对人的治理和使人积极地自主屈从理性化规训权力的方式。

认知与权力的存在，是一种场境存在中的建构起来的看不见的力量交合网络。正是这一场境式认知-权力网络，生成着支撑启蒙之后的全部资本主义日常发生的**正常**社会生活，它无时无刻不在剔除和无形打压着一切对这一**真理标准网**的背离和反叛。

认知轴线的基础是对自然的征服；这种对自然的拷问转移到对人的控制上则生成社会治理，即**权力的轴线**；最后，是人对自己的奴役，这就是自拘性的**伦理轴线**（"心中的道德律令"）。

与一个人身体中遍布全身的毛细血管相似，资产阶级新型政治权力的毛细血管遍及社会的全部细部存在——生活的所有时间节点、人们居栖的住所和一切可能的行动空间，甚至他们的肉身存在。

以认知为工具的规训-规范化，其实质就是资产阶级为整个社会提供了划分存在状态的正常-不正常的真理刀。这把真理之刀不直接沾血，却是最锋利的新型"杀戮工具"。疯子、不正常的性倒错和社会边缘上出现的异类都是这种真理规范化的"刀下鬼"。

资产阶级在科学管理的口号之下瞒天过海式地实施了一整套的规训-治理，建构起更深、更牢不可破的支配和奴役——尤有甚者，这种支配和奴役正是在表面**没有统治者的民主状态**中发生的。

与传统专制权力中那种面向死亡的消极而悲惨的生存

情境不同，也与机器般运转的规训构序不同，现代资本主义社会的统治权力支配方式中的确发生了某种重要的深层改变，即生命权力不再直接面对死亡（甚至很多国家直接取消死刑）和肉体塑形，转而关注让人"**怎样**"（«*comment*»）活着。用资产阶级的话语，就是摆脱专制的黑暗生活，在启蒙的阳光下民主、自由和博爱地活着。可是，人们没有想到的事情是，资产阶级的生命权力就在这个"开心地活着"的场境层面上对人的生命存在进行干预和控制，表面看起来，这种干预和控制是为了提高生命的意义和价值，实则却是让生命在更深的存在构境层中**生不如死**。这就是福柯所指认的资产阶级实际操作的**生命政治**。

与传统权力实施的方式不同，资产阶级全新的生命权力和生命政治的部署方式都是**策略性**的，它甚至已经不是规训权力中那种时间与空间中的微观肉体操持，而是转而进入了生命存在本身的无形构序和支配。这里的策略性即生命权力的非物性操作、不可见和非直接作用方式，它往往在生命存在的日常微细发生和惯性运转中融化为**构序方式**本身。所以，生命权力往往是不可反抗的，因为它就是资产阶级世界中的生命存在样式。**抗拒它，即不活**。

没有绳索的放任即新的更深的自愿臣服。

治理不是传统的统治，也不同于规训，它是一种更加隐秘的内在支配策略。

与专制统治的暴政不同，牧领的本质是随人心愿——让你发财（成功）！以后在资本主义世界中，人们自愿进入市场、进入股市，哪怕结果是身无分文、落入地狱，那也是自愿之后的**活该**。这个**活该性**是韦伯之后资产阶级刻意培育的普遍意识形态认同核心。

政治经济学的真正对象是在治理实践中建构起来的自然性，这个自然法则，指的是在社会生活中发生的**非人为的**自然规律，一种资本无形建构起来的**他性的**自然规律。

非人为且由市场自身建构的自发的、客观的**恰当性真实**即自然真理！关键在于，这个恰当性之真不是被命名和指认的公正，而是在市场经济主体行为博弈互动过程中自发的、自然形成的**自洽之真**。

资产阶级生命政治治理实践中的正确与错误不再是人为制定的公正标准（接近韦伯的价值合理性），而恰恰基于市场的自洽之真，是一种没有人的直接干预的证实和证伪的标准（接近韦伯的价值中立的形式合理性）。市场中**无人的自发活动**每时每刻都在无意识地建构着一种新的客观的"真实性"，这种自发建构的**真言化场所**是资产阶级社会治理的现实基础。在市场之上，还有政治权力博弈和公共舆论场（今天的网络舆论场）中的客观自洽构式。这将是一种全新的政治基础。

在资产阶级的社会治理中，实践之真理不再被先验的理论概念和人为的主体所指认，而就是市场**自然**说出的真话，它是**自然之真**。正是这种自然之真，生成了社会治理中的正确与错误、证实和证伪的裁决机制。**交给市场**，这是全部资产阶级社会控制的真谛。

资产阶级提供了一种全新的真理标准，进而生成了一种新的**真言化**政体。如果我们认真思考这种真理的历史或者谱系，就能发现：它从来都不是通过**消**

除谬误来重构真实的，不是通过建构某种先后相继的连续的合理性、不是通过造成意识形态的断裂来获得科学的——这个真言化政体的真正基础，只能是与市场治理实践的客观对接——**能发财就是真理，有用就是真理**。

11

学术上的无名之辈总是不容易被承认的，哪怕他真的完成了惊天发现。

现代思想先验的真实基础恰恰是资产阶级的商品**构式先验**。

康德-黑格尔的先验构架的"综合"的秘密在于经济拜物教在现实中建构起来的统治关系之遮蔽，当它们被唯心主义式地伪装成世界的本质时，无非是映射了**资本**在现实社会存在中的统治。

马克思的历史唯物主义新世界观中并没有抽象的**物质本体论**（这也是一种打着马克思旗号的伪境），而只有一定历史条件下的社会实践出发点，也由此才会建立起始终与社会生活相关的**历史的**认识论和自然观。由此，不仅非历史的抽象物质决定精神的**旧唯物主义命题**是非法的，而且离开了具体社会存在制约的**抽象哲学认识论和自然辩证法**也是非法的。

在马克思的历史唯物主义中，根本不存在**抽象**的物质与意识的对立，而只有历史发生的特定社会存在与在此之上发生的全部主观世界的制约关联。人们面对的**客观先在的**自然以及作为自己客观活动建构起来的社会生活事物，都是一定历史条件下社会生活中人们的特定认知对象。

康德认识论中放大的观念本质构成的先天图式和它所

统摄的现象世界（事实性），都是一定历史条件下不平等社会剥削关系下的劳动实践的拜物教化异在，一切看起来独立运行的理论问题式的真正现实基础只能是**实践的问题式**。

认识论研究，什么时候从那种抽象的主体-客体、经验现象与理性本质、真理与谬误的旧式认识论讨论中返回社会生活的批判性关系透视中，什么时候才会开启马克思历史认识论构境的全新思考层。

同一是统治的需要，从专制下的外部同一性强制暴力到商品交换关系下的**非强制**同质性，都是为了剥削关系中的可控性。

斯密、李嘉图的自由主义经济的内里逻辑并非真正消除了同一性的法则，而不过是将帝王看得见的高擎着刀剑的手，消隐于"交换价值"在市场中**非人为**自发实现的**客观**经济同一性背后。显而易见，**资本的世界历史逻辑**中的工具理性、经济法则和政治法理是同样心怀"狡计"的。

康德在认识论革命中遭遇的各种主观问题和悖论，或者集中于范畴和观念形式统摄作用中的先天问题式，只有归基到人类社会存在中特定的社会化领域才能得到最终解决。

康德哲学实现的认识论革命的意义，是对传统认识论中主体理性能力的神化进行了**现代性祛魅**，通过对先天综合判断统摄机制的细描，揭示理性观念系统的有限性，从而唯心主义地实现了对概念综合系统的重建。

康德先验观念论中综合机制的有效性并非真的**先天自**

在，而是后天历史生成的，且这种发生受到一定社会历史条件的制约。

生活在资产阶级社会中的每一个人都必然受制于社会存在中业已发生的物化方式和程度，用斯密的话来说，叫受制于"看不见的手"。而马克思则指认，"他们不知，却那样做"，这是占统治地位的生产方式生成的盲目经济和政治关系。在这种特殊的物化生存中，生活于其中的每一个人的思维方式也只能被现实的社会存在物化方式和程度无意识地塑形和构式。这正是康德先天观念综合中那种自发生成的统摄作用的策源地，这是现实中"他们不知，却那样做"在观念中的体现。

康德的先验论哲学其实出现在现实资本主义生产方式中市场竞争机制的形成时期，此时，传统社会中那种外部人为干预（"国家的帮助"）的经济运转方式已经被市场的自在调节所取代，价值规律作为"看不见的手"贬斥了人的主观性意图。依这种解释逻辑，康德哲学中所发生的一切复杂先验范式作用的秘密，都可以通过资本主义市场机制得到进一步的解释。资产阶级商品-市场经济中以特殊的**自组织**方式建构起来的实践结构的**自发性规制作用**，引领了先验范式的认知统摄。

在任何一个社会生活阶段上，总存在着相对于个体和一定群族的先在的生存构架，这种社会先验构架往往是先于个人言行和特定群族生活的。在早期原始部族生活和农耕时代中，这种社会先验构架通常由年长老者的经验来传递和维持，也与特定历史条件下的自然血缘关系和宗法结构一致。

生产先验、功能构序和物化之物这三者，共同建构了康德在观念层面上实现的"认识论中的哥白尼革命"——先天综合判断的真正基础，即发生于现实资本主义商品-市场经济中的**社会综合**。

从资本主义商品交换机制来说明先天观念综合的秘密，这是马克思主义**历史认识论**的重要进行方向。

康德那个著名的"向自然立法"，实际上是现代资产阶级物化规律向全部存在的宣战。

货币关系是在交换中的当下建构起来与解构消散的，而这种特定的关系性的在场出现与在场时，与它的物质对象存在并没有直接关联。特别是在今天的电子货币中，它的在场会是一种象征性的信用关系的符码传递。

不同于一切传统认识论，马克思的历史认识论不是建立在常识中可见的感性经验基础之上的，而更多地在于透视不同社会历史时期中所构序的社会生活本质和特定社会关系存在。在这一点上，后来的海德格尔、广松涉和拉康都有正负两面的极为深入的全新构境。

商品作为特定存在和物却是不可见的同一的"形式规定性"，如果是在传统认识论的构境层中，它们均不能成为认知对象。并且，它由实存却不是物质的货币来担当，我们可见黄金（纸币）之物相，却无法从中看到这个本身并不实在的形式规定性，这是一个传统"本体论"和认识论构境中无法理解的现实矛盾，其实，这也正是马克思开辟的**历史认识论**的真正深一层构序方向。

相对于生产中产品的具体劳动塑形和消费中物品的具体使用，商品的物性定在，则是作为**在场的不在场物**

而存在，但恰恰是这种传统认识论中不可见的特殊构序联结了生产与消费。

人跪倒在自己的创造物面前（人自身的理性逻各斯与经济物化的拜物教），正是康德命题中二律背反的现实矛盾基础。

在货币的流通中，**货币在谁的手中都是一样的**，不分三六九等。在货币的天平上，平等甚至在物质上也表现出来了，因为在交换中，商品的自然差别弥合了，货币拥有者的差别也消失了。

如果我们每天遭遇的主体不过是物化结构的重新人格化，那么，人自身的社会存在则变得无法透视，而唯心主义认识论中那种关于真理学说中的正确与真实，则会是这种遮蔽结构的一种隐晦表达。

从伪主体出发所进行的认知活动，揭示真理恰恰是意识形态的遮蔽。

理性总是遮蔽人的现实存在，因为它的发生就是异化生产的条件,当人的生活中的社会关系变得不可控制，辩证理性中的二律背反就直接象征了人所创造的经济活动中的不以人的意志为转移的看不见的手（"价值规律的经济因果性的盲目结果"）的魔力。

一定社会历史条件下的社会综合形式规制了一定时代的思想结构，当社会综合的形式发生改变时，思想综合的结构也必然随之改变。

商品生产中由货币的**中介功能**所生成的社会组织原则同时**具有**思想认识功能，或者说，只要是商品交换出现以来一切哲学与科学的概念基础，都缘起于这种**客**

观的抽象和组织，最直接的例证就是康德发现的"先天综合判断"的神秘先验统摄机制。

康德的"认识论革命"，的确披露了这些先天性观念对经验的预先构架和"向自然立法"的塑形-构序机制，但是他并没有透视到这种先验统摄已经是"第二性"的。这也就是说，康德自以为得意的先天综合判断实际上失却了其真实现实历史基础，因为所有观念上的先天性预先塑形都是特定历史时空中发生的现实结果，观念的抽象塑形和统摄机制在现实社会关系中的生成是一个历史过程，**先验的社会塑形是先验的观念塑形的基础**。

自现代工业发展以来，生产过程越来越成为创造性科学技术（独立化的脑力劳动）的对象化过程，而体力劳动则成为这一过程的辅助功能。这样，以科学技术为基础的现代观念构架就在看似独立的脑力劳动中获得了先天统摄的假象，而根本遮蔽了这种先验性的真实社会历史基础。

在中世纪的手工业生产中，个体工匠师傅的劳动是**手脑并用**的，或者说，体力劳动与脑力劳动尚没有分化，而在新生的资本主义工业生产中，劳动分工使合作和社会化成为必需，工艺技术和协作本身的专门化导致脑力劳动开始独立，并向精密科学建构起来的**社会化大脑**转变。由此，体力劳动与脑力劳动在资本主义的工业生产中彻底分离。与此同时，智识活动缘起于体力劳动–社会活动的机制也被悄悄遮蔽起来。

与康德停留在脑力劳动的概念生产中不同，在概念生产出来的先验理念的背后，实存着真实的体力劳动塑形的商品生产过程，只是体力劳动与脑力劳动的分离，使得我们看不见体力劳动的客观实在性。并且，这种遮蔽了劳动创造性关系的**商品生产的私人居有关系结构**，生成了一种**构序社会存在的客观的社会先验性**，这种社会先验才是**先验观念**的真正根据。

康德的自在之物的"物"，并非他不懂与事物共生的现象之源，而是他有意识地反对将**历史地呈现的物象等同物**，所以在这个构境意义上，那种与人无关联的"物"将是无穷后退的。

黑格尔用以统一存在的东西，不是物，不是现实历史事实的真实事件发生，而是缘起于主体性概念之间的那个**构序的系动词——Sein**（存在），关系性存在再建构形式和逻辑结构。唯心主义大师海德格尔也是从这一点进入他的存在论分析的。

在资本主义商品-市场经济活动中，是人们自己的活动**社会地造成**（*gesellschaftlich verursachte*）了一种新的**经济的**自然因果性和特殊自然力量的统治，这里的**自然**因果性和**自然**力量都不是发生在自然界中，而是历史地生成于人的社会活动中。

自然存在进入历史，是作为**被征服和控制的**劳动对象在场的，它通过劳动借助生产工具将自然存在作为被掌握的一定因素改造成为**历史性的**存在。在海德格尔的本有论构境中，自然（φνσις）即向我们的涌现-存在。

历史性的实践功能度决定了一个时代的整体**认知功能度**！

意识形态并不总是唯心主义，凡是将客观上变化着的东西形而上学地变成某种第一性的**基础**哲学，都不可避免地坠入意识形态的幻象。

抽象并不仅仅是主观思维的活动机制，作为概念生成的真正劳作工地，它是发生于社会存在中的一种**客观抽象**。这种人脑之外的现实的抽象活动是**客观社会存在**的一部分，恰恰是这种**现实抽象**建构了先验的社会生活形式，并由此规制了思维形式的主观抽象活动以生成看起来先验的思维形式。

马克思是最先谈论发生于资本主义商品-市场经济活动中的**客观抽象**的，抽象劳动不是主观活动，商品抽象和价值形式抽象都不发生在人的主观头脑中，而是现实发生于经济活动中的交换关系的**现实抽象**。这一点，对于理解历史唯物主义和历史认识论具有独一无二的意义。

在商品交换中，价值**形式**的发展经历了这样的过程：从物物交换进入商品交换中抽象生成的简单价值等价物，再发展到扩大了的价值形式，进而演变为一般价值形态即**货币**。这样，**抽象的**价值关系获得了一个**事物的形态**。价值是交换中商品反射性认同的关系性手段，抽象的价值关系在现实中必须事物化为一种实体性，所以货币已成为在市场交换中实现产品的**二次方的手段**。无论是最早的贝、骨和金属铸币，还是今天的纸币和电子货币，可见的物性的等价物对象都表征着一种**不可见的**抽象的劳动交换关系。

经济学的价值概念**基于**现实抽象，商品价值可以由经济学理论的主观思维来表征，但它缘起于人与人的客观交往，具体说，是生成于商品交换中人与人劳动关系的一种**无意识发生**的客观抽象。

如同斯密-黑格尔-马克思意识到的那样，在资本主义生产方式的商品-市场活动中，人们并无法意识到自己的行动结果，人们各怀意图的客观的经济活动本身**自组织式地**抽象出一般劳动价值，并建构起神秘的商品-市场王国。斯密发现了经济"自然"过程中的"看不见的手"，而黑格尔则将其唯心主义式地隐晦表达为背后操纵"激情"的"理性的狡计"，最后，马克思在经济学中准确地揭示了它的真实面目——商品在市场交换中运动的价值规律。

商品交换关系将改变整个社会生活中**表面看不见的关系性社会存在**。它像可直观的物性生活和观念活动中的真空地带，这恰恰建构了历史认识论的特殊认识域。

所有参与商品交换的人对交换本身的实质内容都是无

意识的，虽然他们可以直接观察到商品的使用性能，研究商品的具体效用，但他们都没有去想交换意味着什么，抽象劳动和价值实体一类事情对他们来说是完全虚化的**非经验的**东西，所以在这个意义上，客观发生的交换行为对交换者来说也是抽象的。显然，这里的抽象已经在变味了。抽象开始成为**存在论意义上的不在场**。

商品交换中的现实抽象与先天观念认识论中的主观抽象是一致和类似的，这也意味着，先天观念认识论中的抽象并非由神的力量**先天赋形**，也不主要由感性经验归纳而来，而是由特定的商品交换中客观发生的现实抽象决定的。这才是先天观念认识论的抽象逻辑构架的**真正起源**。

任何参与商品交换的人在**知与行上都是分裂的**：个人

从事商品交换的直接目的是清楚的，但对这种交换在社会总体性上的作用却一无所知；参与交换的"做"是主动的，但客观发生的抽象行为是无意识的；知道商品的所有权的改变，但不会去思考这种改变将意味着什么。这也就是说，与知相分离的行将伴随着一个深刻的**社会无意识**状态。

康德认识论中的先天观念综合不是现实经济关系的直接映照，而是经过了一个复杂的社会关系和思维塑形的转换，正是在这一转换过程中，先天观念综合成功遮蔽了自己的真正起源。

在康德那里，人的认知被一分为二：一是与个体的直接感知相关的后天形成的感受，它通过每个人的视觉、听觉等直观经验对应于多样性的现象世界；二是塑形直接感受经验并构序-构式入概念系统知性认知的先天观念综合构架，它更像是这个感性世界的创世者和编程者。

在科学实验的观察中，在现场读取实验数据的个体科学家的地位将低于制造测量仪器的科学理念设计，而科学的客观性则恰恰表现在对个体感性操作中"主观因素"的消除程度。如果说，早先的培根还在强调科学起于实验的直接感性观察，而康德认识论的哥白尼革命则已经预示着后来波普尔等人喊出的"理论先于观察"。如同泰勒在工业流水线上发现工人的主观性是必须消除的操作障碍一样，科学实验中保证客观性的唯一要求也是将操作人员的"个人感官性"降低为零。

在马克思那里，个人，作为一种真正独立的生存，实际上不是一个永恒的状态，而是一种特定历史条件下的产物。在马克思看来，人的生存和本质是一定社会关系的总和，最初人的本质是在人对自然、人与人的自然联系之中，个人根本不可能离开族类而生存，个人不过是一个血亲群体的附属物。在后来的资产阶级市民社会中，在分工和交换的中介下，在社会劳动的片面性中，个人失去了过去与自身同一的"本质"——自然的族类关系，从而再一次构成类（社会经济关系），所形成的关系已经是离开个人而独立的事物与事物的关系。在这里，个人都是独立的存在，而市场的交换再次自发地以事物的关联形式使片面的个人结合起来。个人的独立，实际上是资产阶级社会经济发展的结果。这是黑格尔曾经深刻地认识到的规律。

刘三姐歌里唱到的那个"什么东西无腿走四方"的货币的形式是多样的，也会在不同的地域发生不同的交换流通，但它发生的作用只有一个：在货币作为**价值**

等价形式中介所有商品的交换时，它自发地、盲目地生成一个将所有商品汇集起来的流通网络。其中，它现实抽象地生成商品价值形式的齐一性，与此同时，也将整个社会齐一化为一个**看不透的**功能构序总体。

在个体认知进程中，个体对经验现象是清醒知会的，但他无法知道，概念构架是如何座架经验现象并迅速将其构序为可知的观念结果的。

在马克思那里，价值是一个"形而上"的概念，是一种在资本主义商品生产过程中形成劳动二重性开始的客观抽象，它不是某种理想本质的价值悬设，与可直观的使用价值不同，价值**存在但不直接显示**。更重要的是，价值不是现成的，看起来，它只是一种简单的劳动交换关系。从历史上看，从价值到现实抽象中的价值形式形成，再到货币（价格），存在着一个漫长而复杂的历史形成过程。在现实资本主义商品-市场经济过程中，它是以各种最深刻的对立为媒介的，如自由竞争是其存在和发展的最初形式，越走向当代，价值转换关系就越复杂，在现代金融体系中，我们已经根本看不见它的真面目。

这个价值的实体化、事物化（Versachlichung），成为一种特殊的**支配事物的物**，才构成狭义历史唯物主义所指认的最深刻的一种居权力话语中的**社会存在物**，这恰恰也是最容易误解的历史认识论层面。价值实体（商品、货币和资本）是真的事物（Sache），却是历史唯物主义中最难理解的物。

无质的价值关系是商品交换中的中介，而这种无质的中介化过程就是市场经济客观经济交换关系的一种现实抽象。当这种现实抽象被重新实体化时，就出现了一种**双重物质存在显隐并存**的状态：金、银、铜抑或是纸（更早可能会是贝壳和鱼骨），除去它们自身的物理存在之外，同时发生着一种同样客观却无法直观（"描述"）的物质存在，并且，作为货币，它们恰恰是在不是自己物理存在的状态下才是那种**无质的**交换等价物。

在黑格尔那里，面对"太阳下面没有新东西"的一般的自然观照的知性科学，他开始向主体性有意识的实践认识转化。这个主体有意识的劳动结果（市民社会的社会存在），被指认为观念更高级物化形式的"第二自然"（Die zweite Natur），以区别于原生的完全物性化的第一自然。请注意，这里出现了一个重要的悖结：人通过劳动将无机界和有机界的物质"调集"到自己身边，劳动其实在使精神成为自然物质的主人，这是一个从死物质向观念性存在的回归，即对自然物化（异化）的摆脱。但是，劳动又使精神在一个更高的层面受到人造物（经济财富）的奴役，劳动外化同时也是一种观念在人类主体活动（社会历史过程）中发生的新的更深刻的异化：主体在事物化市场中的再次沉沦于自然存在，此为区别于无主体的第一自然的社会历史中的第二自然。

12

我们明明坐在父母亲的饭桌上，却低头于自己的智能手机，这是可怕的在场中的不在场。

我们在从醒来到睡去的所有清醒的时候，通过智能手机终端和电脑屏幕，可以在任何一个时间和空间中登录，不同的匿名主体可同时在北京时间和伦敦时间的异地在场，全屏的拟真影像存在和内爆的大量信息，成为我们直观和认知世界的先在综合构架。在我们遭遇世界之前，这一已经无法摆脱的数字化先天综合，已经通过自动整合座架了我们可能看到、听到和触到的世界和一切现象。康德那个"自然以一定的形式向我们呈现"的观点，现在被改写成存在以网络上的智能手机和电脑屏幕的构序形式向我们呈现。

现在我们已经逃脱不了网络信息技术构序起来的令人眩目的资本主义新世界，在数字化的时空综合中，构序个性化的主体性时间流被彻底摧毁了。作为个性化内部结构支撑点的**欲望**（*désir*）被摧毁了。你以为是自己想要的东西，其实不是。拉康曾经讨论过的那个"伪我要"（虚假需要），现在以全新的数字化幻境制造出来。如果你不想与世界隔离，你就得一遍遍地跟着更新电脑和手机中的操作系统，否则你将不能使用你看到、听到世界的数字化综合构架。但当你顺从地不断更新时，你则被编码进数字化资本编织的"编程工业的巨流"中，成为任人宰割的用户群体之一。

早期的殖民主义背景下的世界贸易，多为明目张胆的强买强卖，再不行就直接武装开道。可是在 20 世纪帝国主义争夺殖民地和世界霸主地位的两次世界大战结束之后，后来的资本主义世界贸易的手段则改为温柔的说服技巧，直接的抢夺和欺骗不见了，资本家变成了最会讲诱人故事的高手，而在这些宣扬西方生活方式（"日不落帝国""美国梦"）和推销商品的广告故事的背后，则是骗取人们钱财的"制造欲望"的力比多经济学伪境中生成的种种诱人圈套。

任何成功都需要重要的机缘。

从摄影到电影和电视，人类历史生存中原来不可重来的**构序性场境**由一种全新的复构技术反复再现了。

在数字化资本主义的世界中，我们生活里的所有社会组织器官、交往和娱乐生活都被数字化技术的**先天综**

合所重新塑形，甚至我们的身体器官和生存每时每刻都不能离开电脑操作系统、各种复杂的系统软件和智能手机中的人造伪器官（应用程序）。

数学的抽象计算恰恰是建立在早期数手指和结绳记数构序的遗忘之上的。

技术无思。

技术即遗忘。

在海德格尔的存在论差异中，形而上学在对对象化的关涉物——存在者的执着中，遗忘了让物功用性到场的存在﹝关涉–操持（Sorge-Besorge）﹞。控制论时代的操持即离开直接关涉的技术，科学技术（真理的当代形式）作为向我们涌现物的解蔽，同时也是在更深一层构境中遗忘（遮蔽）存在强暴后面的本有。其实，这是**遗忘存在和遗忘本有的双重遗忘**。

此在不是抽象的主体，它总是**被抛于**一个特定的有时间维度的关系世界之中，它首先遭遇的是先在的历史条件，这种先行的遗产确立此在的实际性生存。

南北半球的时间不同步被网络时间同步了，过去的时间可以在重播中再现，一个屏幕上的时间场可同时拼接完全不同的时间场境。形而上学真的来不及抽象这种爆裂开来的时间事件。

趋势不同于交往生成的弥漫性的**场**，趋势是**有运动方向或者是带矢量的**场境存在。

人创造了技术，可技术却有了自己的灵魂，这就是**技**

术异化的发端。

我们这个世界上的一切存在目前都在经过穿着白大褂的技术专家们的定性、把关和盖章，之后，才会被放行通过，予以**科学构式的合法存在**。想想今天我们电视广告中那些专家的身影，以及被捧上了天的科学家。

现代技术已经无孔不入地渗透到我们生活的每一部分和层面。我们生活中的所有社会交往和娱乐生活都被技术所重新塑形和构序，甚至我们的生活、思维、写作和艺术创造一分钟都无法离开电脑操作系统、各种复杂的系统软件和智能手机中的 App。微信等即时通信工具构式的新型远程在场，已经替代了面对面的人际关系。

今天的资本统治的逻辑不再靠火车、轮船运送商品货物跑到全世界，再拖回金银财宝，而是在网络上以**30万千米／秒**的速度瞬间发生的电子事件。今天的资本的世界历史是全新的数字化世界，日本的照相机、美国的手机和德国的小汽车，只需要通过广告中的欲望制造，就可以让消费者发疯一样地追着送钱给背后的资本家。

今天这个西方世界走向全世界的扩张，是通过更加中性和看起来非暴力的缘起西方的**科学和技术**。也由此，这个新的重新历史化过程来得更加容易以及更被真心认同和拥戴。它还有一个更美好的普适性的名称：**走向现代化**。这毫无争议地成为所有发展中国家疯狂追逐的目标。

技术是人为了自己的存在所延伸到外部的义肢性客体，可现在它却通过生成一种个体化，自我生成，自我发展，甚至通过科技至上成为世界新的立法者。在一定的意义上，这是康德那个"向自然立法"的彻底实现，可是，在这种技术"自为法则"的进程中，恰恰剥夺了人本身的自由。

从石器中的拓艺痕迹到结绳记事，文字通常的一个重要功能就是为实践活动中的构序和构式机制记录下来。当然，文字也是一个民族文化存在塑形和编码的直接工具，它与社会实践本身一起构成着一个特定民族生存的基本性质、有序性和方向。

依斯蒂格勒的观点，人类个体的生命存在都是有死的，个体存在也有自己的经验积累和记忆，但这一切都会随着生物肉体生命的死亡而消失。但人类历史的真正发生，就是因为出现了与生物种系生成的遗传记忆完全不同的类的**文化记忆**，正是这种非个体的文化记忆造成了支撑人类社会历史存在和历史发展的"后种系"生成。

在动物那里，只有自然的物理时间，已经消失的有机物的生命过程除去遗传基因可以复制的有机生命信息之外，它们是没有**历史性的**时间的；而人的存在历史在生命有机物的过去消失之后，却能以非生物有机遗传的后种系生成的方式积淀出一种工具和文字的传播和延续方式，这使人的历史性构序存在（社会文化负熵）成为可能，这正是有机之外的无机的技术，技术即历史性的时间（非物理性的时间）载体。

脚的**直立行走**导致了**人手**的出现，人手是劳作和制造工具的必要前提。

人的意识并非人脑的直接物质过程，而是一种特殊的主观**突现场境**。

在马克思那里，每一个时代的人们总会遭遇前一代所创造的生产力（构序）总和，这是他们生产和生活场境的客观前提；而在海德格尔那里，此在总是被抛于一种特定的先行性的世界和时间之中。

作为生物性存在的外在化的工具，却同时内含着一种新的存在论时间结构：相对于当下，工具总是在过去被制作出来的，所以它会是所有将要发生的塑形动作和构序记忆激活的先在条件。但是，作为一种过去曾在的回忆，它又直接引发了当下自我的自主性。这是一个现象学意义上的时间辩证法。比如，一个智能手机总是在过去被制造出来，它的被生产内嵌着一种可以复杂操作进行网络信息化技术实施的构序功能，它相对于后来的使用者，总是先在的。当我启动它来进行网络交流时，作为工具，它的所有先在的数字化塑形-构序功能都被实践为一个运行着的功能筑模。显然，这里出现了一个过去—先在—当下的逻辑时间线索。

动物是依靠生物遗传记忆来维系生命接续的，而人类的历史存在和发展则是依托**外在化的模板（*stéréotype*）记忆**来助产式实现的。开始，这种构序记忆模板是石器工具、结绳记数，然后会有更抽象的语言文字记载中的科学技术筑模，今天，当然是编程中的数字化操作系统。

在斯蒂格勒看来，工具模板就是指保存过去发生的生产**操作方式——筑模**的记忆载体，它本身是生产过程的结果，但它不同于产品，它作为生产工具又是生产的前提条件，正是工具模板保留了让劳动生产活动得以重复和再激活的经验和教训。用我的构境论概念来表征，工具模板，即生产构序活动规则筑模的物性化持存。在农耕生活方式中，工具模板不是指一把镰刀，而是犁、镰、铲、锄等一整套有序生产的农耕工具，它是可以重构全部农耕生产构序活动的工具模板；而到了工业生产中，则会出现越来越复杂的机器构式系统，特别是后来的自控机床，它既是生产工具，又是对以往生产筑模发生自我记忆功能的工具模板。

当我在听一首音乐的现场演奏的时候，当下听到的每个瞬间的音响总是在消逝，可是，这种音响的消逝在主体听觉中会发生一种滞留，这种滞留与即将听到的下一个音响发生连接，这才使我们能够听到连贯的旋律。比如，现在我们在音乐厅听到由鲁宾斯坦演奏的肖邦《夜曲》第一首的钢琴曲，演奏者弹奏琴键发出的每一个音响发声之后都会消失，但在我们的听觉体验中，当下一个音符弹奏响起时，上一个已经消失的音符仍然滞留在我们的脑海中，甚至这种遗存的音符还会进一步回溯到一个已经消失的音响链。这种不断消失和在场的音响踪迹在我们的**主动音乐构境**中连续起来，才让我们听到完整的肖邦的经典杰作的优美旋律，令人沉醉的这种音乐世界恰恰是由我们参与构式的意识之流重新塑形和筑就起来的。

照片即被摄物的死亡。

电影拍摄时，观众不在场，放电影时，通常导演、演员和参与拍摄的其他工作人员不在场，可是，当观众迷入影片所虚构的故事中时，不在场的演员（还有生产影片的导演和制作团队成员）却通过影片的现象学意向更深地在场。

在我们从智能手机上的微信登录时，主体在场已经不是真的此在在场，而是一个电子化的虚拟主体以网络方式在场，数字化构序存在替代了生命负熵。海德格尔那个"此时"，"在这儿"全部被延异化了。一个网络界面上的两个"马甲"的相遇，可能是美国东部时间和中国北京时间的构序的同时性，也会是两个完全异地的电子共在。

在海德格尔那里，从形下器具的现成性（对象性存在者）和杂多显相（经验）中抽象出理念本质（"一"）的全部形而上学，关键在于忘却了让存在者所是的到场缘起，真理之解蔽原初对应了存在之涌现，存在并非本有，而恰恰是此在需求（for us）的占有性到场。当形而上学面对现成对象，将认识论视作观念与对象物的**精确分有**（唯心主义）或**逼真反映**（唯物主义）时，这双重精确性都是对让存在者所是的存在的遗忘。

字母拼写文字必然产生**线性**（*linéaire*）**思维**。正是它，与抽象的几何学和数学一同构成西方理性形式的抽象精确性，这种精确性的特征即**无人称性**（*impersonnalité*），或者是非主体性。

当我们对生命存在的记忆成为数字化流水线上的批量产品时，生命的独有性和个性的唯一性将不复存在，在场性将彻底崩溃。

我们忙碌于赚钱，操心于财富，一切时间性都围绕这一商品价值之**真**（*réel*）构序起来，它在工业文明创造的科学技术对象化中以井喷式的状态创新财富的花样和积累金钱。可是，这种赢得是以失去人的真实生命构序的时间为代价的。

当代资本主义社会中发生的信息技术和编程工业正在构序出一种新的先天**技术综合**（*synthétisant techniquement*），它直接替代了康德已经剖析的先天观念综合。

我们生活在农村的父辈，他们的生活完全为一年四季的农耕生产节奏所支配，这是一种日复一日的循环时间和空间中的不变生活；在现代性的工业和市场王国中，追逐时尚的永远求新成为生存的目标；而当数字化生存成为主导时,我们的时空则在网络信息构序中,成为可以反时空的远程在场，过去、现在和将来不再是线性流逝的，而成为可折叠和逆转的。

在原来的旧哲学本体论中，由亚里士多德的形而上学体系建立了事物存在的质料与形式、塑形事物的动力因中的目的与手段等范畴模式，说明了世间一切事物的构序方式，可今天出现的信息技术的在场则彻底打破了旧的**事物构序论**。因为，信息的内在构序不再遵守物质与非物质存在的传统事物边界，它的多维可逆性不再是对物质质料具体存在形式的改变和塑形，而出现了全新的工业生产原质，即数字化内在构序存在，在信息（information）这一**给予内在的塑形**中，信息的**可塑性**（*plasticité*）将是无限制的，存在塑形和构式可能由此变得无穷尽。

在这个数字化世界中，**联网就是存在**，这是所有人在任何地方都首先要确认"有没有网络信号"的存在急迫性。没有网络，就不能存在。我联网故我在，人是一切网络链接关系的总和。

一则新闻的商品价值以不为人知而贵，以传播速度而估价，但也会以普遍传播和广为人知而消亡。当天报纸上的消息，被一个人读过之后，报纸就成为一张废纸；一个爆炸性的奇闻，在广播中和电视上被一批听众和观众知晓，立刻就不再吸引人的眼球；今天的情形为，网络上的即时事件，一经推送就立刻死亡。

如果说，在奴隶制下，奴役人的霸主高扬皮鞭，那么到了资产阶级雇佣关系中，则是看不见的"饥饿的皮鞭"；而到了网络信息化条件下的数字化资本主义统治关系中，奴役和支配则成了人们幸福地追逐数字化生存的欲望。

卫星通信具有地面网线的全部传输功能，但它能铲平一切空间和时间上的限制，特别是从领土化的国家权力控制中摆脱出来。实际上，通过卫星通信和地面线缆的结合，信息技术已经创造了一种全新的真实时间和空间。因为，它可以**无时无处不在**。

在今天的信息商品结构场境中，已经发生的事情，并不一定都可以被主体遭遇，一个事物的**到场**和**被看到**是要被重新复构和制造出来的。这里的**到场**就是通过网络信息媒体看到和听到，其实，在没有网络的时代，在世界各地每时每刻都在发生各种事情，但我们都无法看到它们的直接存在，而今天在北半球的一场 NBA 联赛或奥斯卡颁奖，却可以通过实时播报让其到场，被我们直接看到。这里的"让我们看到听到"式的在场（胡塞尔的原生持存的虚拟态）正是信息化商品对存在的重新数字化构序。它只有被媒体重新事件化生产和复构一次，才能超真实地到场。

在信息商品的事件化中，根本不存在所谓的"单纯报道"，这里存在着资产阶级意识形态故意的遗忘、删除，因为，资本家在原本可能有价值的事件中选择**值得事件化**或者说**可能获利**的东西。

如果索恩–雷特尔是将康德的先天观念综合**归基于**商品交换中的现实抽象和齐一性，斯蒂格勒这里则揭示了先天观念综合全新的数字化综合筑模的基础，并且，他特别指认了这种新的现实社会综合对延异性的夷平。

今天在我们身边就可以看到的以智能手机和电脑终端为落地入口的网络信息技术，让"低头看"和"电子界面"式的生活成为一种浮在空中的**虚拟存在**。这种虚拟存在造成的最大质变就是脱与境化，使人的存在从具体发生的一个民族文化和国家的**现实与境**中超拔出来，以形成没有依存与境的全新实在。这是一件令人恐惧的事情。因为，丧失了具体文化与境和生存历史时空感的人，会在网络构序–构式存在中坠入资本制造的数字化欲望生产共同体，以 30 万千米 / 秒的速度推送的电子化欲望对象无处无时不在，中国的电商天网在凭空制造出来的"11·11"等网购狂欢节中，把数字化构序幻境中的无根存在者一次次抛进狂热的点击消费浪潮之中。在今天的现实生活中，网购中的"剁手"点击、网游中的无尽装备、网络视频直播中的"打赏"，已经成为资本盘剥"电子化残疾者"的无底深渊。

虚拟记忆综合筑模也使得由数字化媒体构序起来的直播实时成为**时间**的存在方式。现在，在每一个具体时区发生的事情已经不重要，你可以不认识同一幢公寓中的人，也可以不知道发生在身边的事情，可是你却会认识和知道每天在电视和手机"朋友圈"里露面的人和事情。人们更习惯于在直播中看到一个事物和现象的当下存在，这种**电子当下**根本消除了由文字记载形成的事后性延迟。这样，人们在传统认知方式中采用的历史有效价值也就不再具有意义。

当此在去在世的方式变成与存在者没有直接关联的数字化存在时，上手性关涉将粉碎于虚拟关联，而环顾世界的发生已经是由网络信息的编程链接起来的，一切都会发生根本的畸变，进而使形而上学的**存在论遗忘**根本上失去踪迹，这将是存在遗忘的二次方；而电子化虚拟存在已经不再需要德里达式的故意涂抹，它本身就是瞬间出现和消失的，那么，德里达所指认的**存在之延异**本质则不再具有戏剧性的深刻。

在网络信息时代，海德格尔的此在去在世只有在非现实的虚拟世界中才能实现，马克思的社会定在也只有在网络关系中才能获得社会性。人的本质在其现实性上，现在变成了**网络关系的总和**，人的生活共同体现在是由远程登录实现的**虚拟网络共同体**。

当我们从中国和世界的各地登录微信平台的时候，我们上传相片、音乐或者转发他人的评论。所有朋友圈里的微信使用者看起来都相聚在一个共同在场状态中，但其实不是一个真实存在的场所中面对面的会聚，而是我们通过远程登录完成的**虚拟共在**。因为，我们在智能手机和电脑终端中的"同时同地"的在场，在空间维度中是在全球各地不同地点的非领土化和脱与境化中发生的，而在时间维度上，也是排除了真实时间（"北京时间""格林尼治时间"和"美国东部时间"等）的电子实时。转换到海德格尔的存在论构境，**在线此在**去在世时遭遇的已经不是真实关涉的上手性及物，而是**网络上手**，此在与其他此在的共在也成了网络共在。世界则披上了网络信息的**虚拟环顾性**。显而易见，海德格尔的存在论基础在这里会被彻底改写。

真实主体由于披上了数字化伪装，这就使自己在现实生活中无法做到的事情得到实现的可能，人们无法在真实生活中满足的欲望就可能在网络游戏和"直播"中制造的财富占有、战争杀戮和色情欲望的"闯关"中得到虚假满足。

如果说超文本链接是巴特–克里斯蒂娃的互文本话语的数字化实现，那么，超视频链接则生成了图像音频蒙太奇的自动数字化在场，它制造了只有在神话和科幻图景中才会出现的存在奇境。

我们可以想一下，完全可以使用的电脑和手机，在硬件换代和频繁的系统升级中被人为地宣判死刑，正因为我们都不想落伍，都不想被这个网络信息世界革除。

电视（电影）**关不掉**就成为一个发生在常人那里的**存在论现象**。如果读书（当然是读"灿烂的书"）是进入思之构序，那么观看电视则是**无思祛序**。

广告生产欲望对象时通常都不是针对人的主体自觉意识，而是捕捉无意识中的本欲。所以，在这个意义上，**广告是关不掉的**。

电影院也有观众群体，但因为受到地点和时间上的限制，这种群体总是有限定的。而电视观众则突破了任何地点和时间上的限制，现在通过卫星通信传播和互联网，全球各地的观众都可以直接看到同一个电视传输中的时间客体，如果再加上延迟录播和回看功能，那么这种远程登录中的他者时间推送则是无所不能和随心所欲的。

在传统的社会历史进程中，时间总是在消逝，过去就成为历史，而在今天的数字化生存中，人的每一生存时刻都可以被信息机器不停地制造出来，只要你愿意，就可以通过智能手机和其他电子设备拍摄贮存，然后再通过播放重构永远不消失的当下记忆。

常人在而此在不在，常人即 niemand（无人）。今天的常人化，通常会是曰网络存在构序出来的，网上的流行和"大家都在看""大家都在这么说"，将此在彻底抹去了。我们只能按照网上"大家"的导引活着，成为数字化常人。

电影中通过蒙太奇拼接所实现的深层意识接受，促使人们深信不疑地模仿和追逐电影故事所制造的欲望和理想，在这个意义上，电影推销的就不只是生活中使用的商品，而是整个生活方式和社会模式。

在人们无处可逃的观听时间客体中，附着在影像时间流中的商业强迫和意识形态悄悄地改变你的意识结构，而这一切的发生，恰恰是由于你自己迫不及待地去**追逐和欲望着他者式的欲望对象**以及**臣服于他性意识形态控制**。在今天数字化资本构序的支配中，没有任何强迫和外部压力，一切都表现为你自己疯狂喜爱的欲求，甚至表现为你的生存目的。

在微信交流中，人们可以通过各种小图标的储存库挑选表达信息，而不再自己去真实地写作。我们现在已经懒到连"早上好""新年快乐"这样的问候都不再自己去写，而找一个他者的图贴转发就打发了。最可怕的事情是，即使人们面对面，却都在各自低头看那个非人的手机屏幕。

此在的在世已经成为智能手机在世，我们甚至可以通过微信建立一定的可控制的"朋友圈"共在，根本上取代面对面的主体际交往。现在才是海德格尔所说的人的存在被连根拔起的时代，这一次，是数字化构序和筑模将人去根。现在，人才是真正意义上的无家可归！

原来个人感性生活的内驱力是本然的欲望，进入文化教化的社会生活后，人的欲望通常是由象征性知识来驱动的，象征性引导人们的注意力。而当象征性已经由数字化资本主义控制的大众传媒所驾驭时，人的感性生活就成为虚假的**美学景观产品**的机械投放地。

我们面对的外部世界，人与人之间的交往，消费者与商家的沟通，现在无一不是由自动装置构序起来的屏幕点击完成的。能够自己独立去观察、选择和反省的我思被根本废除了，这也意味着主体本身的彻底废除。面对创造性的认知能力的系统失效，愚昧和麻木是系统地发生的。

人的存在理由和生存能力（如我们如何看待世界和改变世界，如何选择一种生活方式，如何购买商品等等），都不再是我们自己的真实认知，甚至不是社会本身总体文化和知识的作用，而是由在人之外、社会定在之外的海量数据产生出来的标准和方式。

海量数据造成了个人心理时间的空间化，原要通过自己内心认真鉴别和挑选的过程，现在只要有一定量的点赞和好评数据，自动获取的行为就以光速发生了。

13

19 世纪末 20 世纪初，首先出现了持续几十年之久的物理学革命。在新呈现的非感知能及的微观世界中，原来人们通过感官直达的同一物质实体构成的低速运动和对象化宏观世界轰然土崩瓦解。之后的爱因斯坦和量子力学，则让传统科学理论构架的实体性**客观真实**域突然**液态化**了。人们过去直观指认的绝对、普适和永恒的自然对象及其本质–规律，在不同观察参照系的**相对关系**中突变为形而上学幻境；人们无法直接探身的微观世界，不得不通过工具性的仪器和实验操作中介后，非感知地成为**拟真图像**。由此，关系建构性的现代物理学体系，取代了由伽利略和牛顿奠定基础的崇尚实体存在的古典物理学理论体系的统治地位。

海德格尔的存在论在面对通常的抽象化的锤子合手、讲台意蕴关联的日常生活时，已经是比胡塞尔意识密织王国要现实得多的在世存在现象的透视，可是当人与人的关系在商品交换的客观抽象中生成价值等值物，从工具性手段颠倒地生成一种拜物教（物神）式的经济物像时，海德格尔的一整套存在论把戏就不管用了。

从胡塞尔的生成性显现中，海德格尔的上手存在的因缘性已经是对现成在手的存在者形而上学的解构，可是，他并没有想到，这种深刻的因缘存在必须在一个**具体的现实社会关联中**才会落地，否则，它将是另一个意义上的"现成存在"。这种现成存在，回落到海德格尔已经面对的资产阶级的经济交往现实中，它恰恰是复杂的**事物化颠倒**之上的**经济拜物教**。这当然是马克思狭义历史唯物主义中的批判逻辑构境。

科学理论筑模的转换基础是社会存在场境的根本改变。

所谓的物的世界图景通常与人们的日常经验是接近的，而在近代以来的科学观中，牛顿的经典物理学是其最重要的基础。它将我们面对的世界视作一种**物质对象**的总和，其中，在时间和空间之中发生着各种各样的**可见的位移运动**，这似乎是我们每天在生活中已经适应的感性经验构序环境。

在爱因斯坦这里，关系不再是外在的东西，它就是塑形存在的方式。在一定的意义上，**关系构序先于对象**。一切科学认识都只有在一定**公理参照系**中才具有合法的关系性构境意向的问题式。

在传统的自然观中，支撑认识主体的是独立的**为我性的**观测者，即我直接观察到对象的经验主体，而在相对论的参照系理论中，则会出现一种由为我性观测和**为他性观测**（即处于其他参照系中的观测经验）统合起来的新的**交互性构序的**观测主体。

我在飞驰的复兴号高铁列车上将一元硬币抛起让它落下，硬币从空中回到我手中时，我观测到的是硬币在空中完成的一个**直线**下落。可是另一个在站台上的观测者，假如他也可以看到我的硬币，却会看到它在空中划出了一个从 A 点到 B 点的**抛物线**运动。如果，我再假设同时还有一位脱离了地球引力的航天员也能看到这一现象，他可能观测到的这枚硬币在空中的运动现象既不是下落也不是抛物线，而是在地球自转中发生的奇怪的空中折返和曲线运动。依爱因斯坦的参照系理论，这三个观测构序结果，在地球引力系统中的**运动中**和**静止**两个不同的观测参照系及**脱离了地球引力**的观测参照系中都是真实的。

一个观测主体对同一个现象的观察不可能同时处在相异的观测参照系，这也就是说，每一个观测者只能居有一个为我性的观测位，所以，对一个客观现象在不同参照系中的观测，只能由一个为我性和**多重为他性的交互主体性共同构序**才能完成。

比如我们观察一个茶叶筒，从上面看，它是一个圆形，从侧面看，它是一个长方形，再从不同的观察侧面看，还会显现不同的结果。可是，当我们在日常生活中一眼看到它就获得一个圆柱形的观察结果时，这并不仅仅是一个直接观察的结果，而是一种不同视位的**交互主体性的构序集合**。

当我们看桌子的一个侧面时，总是有一个**预想的物体空间格式塔**被当下构境，因此，当我在看桌子的一个侧面时，我会自然联想（实为无意识的场境建构）到它的另外几个不同的侧面。在我围绕一个事物走动时，当光线、距离等条件改变时，物的不同侧面会不断地以新的方式打开。

承认实践在马克思主义哲学变革中的重要地位是正确的，但这并不是通过简单地抬高实践的本体地位实现的。站在实践唯物主义立场上的马克思，从来没有否定自然物质存在的第一性，而是确定了在同是第一性的自然物质存在和社会实践中，后者居有更重要的**逻辑基始性**。但这绝不是传统本体论意义上的第一性。其实，这里存在一个自然的**先在性**、实践的**首要性**和物质生产的**第一层级决定性**的复杂关系构序层级问题。

马克思主义哲学的认识论就是一种**关系本体逻辑**。马克思从来不是主张主观对客观的简单直观，而是说："我对我环境的关系是我的意识。"马克思哲学认识论的本质不是面对物质实体的旧式镜像反映，而是基于实践关系的科学认识论！

马克思说过自然界对人的历史存在**永恒的先在性**，一是因为在人类历史出现之前，以及将来有一天我们这个星球毁灭后，自然物质存在总是自在的；二是即便在今天，在人类实践所不能达及的边界之外，比如数亿万光年之外的宇宙存在中，自然物质当然也是自在的。

马克思眼中的社会存在是基于一种特定历史条件下人们的客观社会生活、社会活动构序，特别是相互作用的基础之上的客观关系场境，而这种客观关系场境又不是实体性的东西，而是**功能性的构序活动**。

在马克思那里，《关于费尔巴哈的提纲》中作为哲学总体范式的**实践**，与《德意志意识形态》中作为社会存在和运动初始基础的**物质生产**，并不是同一个东西。物质生产是人类总体实践中"第一层级"的东西，它是**其他社会实践**的基础。此外，生产构序也不完全等于劳动，马克思将生产区分为人的生产与物质生活条件的生产，而劳动只是物质生产过程的**主体构序活动**方面。

物质生活的生产与再生产是全部社会历史的基础，但它并不是人的本质。就像劳动不是人的本质一样，物质生产同样不是人的本质。马克思将的人的本质从现实性上定位于社会关系的总和，生产及其生产关系至多是历史地建构这种"关系总和"的构序基础。

实体主义并不仅仅是一种认识上的主观错误，而是特定历史条件下的产物，因为在农耕文明中，人对外部自然的关系的确是表面的和对象性的。也就是说，在一定的意义上，主体-客体二元模式在特定的历史中，恰恰是人类生活中真实存在的现实实体关系，也只是在资本主义工业生产中，自然才真正成为我们生活存在的关涉塑形物，主体-客体二元模式才丧失其**历史的合法性**。

基督神话的逻辑构式：人天生**应该居有**的本真存在状态——未被罪恶侵入的天堂乐园，然后**是**在被魔鬼引诱后失真的世俗凡界现实，最后是在神的引领下离开世间苦海重新进天堂。这是一种**价值悬设**问题构式中"应该"与"是"的批判辩证法。

韦伯在将马克思的历史现象学批判指认为"价值合理性"之后，将颠倒的资本主义经济关系直接指认为**祛**

魅化——Versachlichung（事物化）之后的真正中立的社会事物（Sache）。青年卢卡奇却再次颠倒老师韦伯的资产阶级立场，反将事物化（世俗化）否定性地贬斥为 Verdinglichung（物化），并在马克思那里找到了拜物教构境中的支持。

在马克思那里，Versachlichung 是指在资本主义生产方式中，人与人的直接社会关系颠倒地表现为事物与事物之间的关系，Versachlichung 是一个**客观发生**在资本主义商品-市场经济过程中的关系颠倒事件；同时，他还进一步将这种物的关系（社会属性）被人们错认为对象的自然属性的**认知误认**现象称为 Verdinglichung。

商品的价值不是劳动产品的自然物质属性，但在劳动交换关系中现实抽象出来的价值仍然是一种**客观存在**

的社会关系，它是原来劳动之间的**直接**社会关系事物化为一种经过市场交换中介的事物与事物之间的非直接关系，即 Versachlichung，**使之成为事物（关系）——** *das-zum-Sache-Machen*。事物化本身不是主观发生的认知错误，而事物化之后的颠倒社会关系再在主观认知层面中被误认为商品的自然属性，这则是马克思所说的物化现象，即 Verdinglichung，**使之成为物——** *das-zum-Dinge-Machen*。当然，这不是真的关系被制成为物，而是关系**被错认为**物，商品的社会属性**被错认为**物的自然属性。

韦伯倒真的区分了马克思所描述的资本主义经济过程中的"对象化"与"异化"，不过，费尔巴哈-青年马克思那种具有价值悬设尺度的"异化"批判，在他力主建构的"价值中立"化中被作为主体性的**目的合理性**"去魔"了，他只是肯定可见的生产和经济过程中对象化构序的**形式合理性**。在他看来，属于传统型社会运转的目的（价值）合理性关注人的存在，追求主体的质性价值（舍勒语）；而形式合理性（工具理性）则关注生产或社会本身的客观塑形进程，在走向财富增长的社会的客观经济运转和法理型官僚体制建构面前，人的主体性的欲求恰恰是无关紧要的和有害的，所以，人（主体）必须被**量化**为客观构序要素以便具有**可计算性**（*Kalkulierbarkeit*）和可操作性。

韦伯正是在将马克思基于事物化-物化-经济拜物教的历史现象学批判指认为"价值-目的合理性"之后，才将马克思批判的事物化颠倒的资本主义经济关系塑形结构，直接肯定性地指认为**走向现代性**的祛魅**化**：由此，上帝之城的事物化才会生出资本主义的新教伦理，神性教义的事物化才会生成工具理性，宗法亲情等圣性物的 Versachlichung（事物化）之后才有真正中立的社会事物（Sache，事实），传统法律中负载价值取向的事物化才会有注重可见 Sache 的形式法；更重要的还有，"克里玛斯（魅力）的事物化"（Versachlichung des Charismas）之后才会建构出在人之外客观运转的法理型官僚制机器，由此，整个传统社会存在的事物化才会有全新的资产阶级**世俗化构序**现实；等等。其实，在韦伯看来，这一切重要的改变都在于资本主义经济关系本身的**非人格化和事物化**。

青年卢卡奇的所谓 Verdinglichung（物化），描述的不是马克思面对的 19 世纪的资本主义市场**交换**中的社会关系的事物化颠倒状况的主观错认，而是韦伯所描述的自泰勒制以来的 20 世纪工业**生产对象化**技术塑形和构式进程中的合理化（量化的可计算的标准化进程）。这是一个比较复杂的交叉和颠倒的思想构境。

我认为，青年卢卡奇物化理论中存在着的双重逻辑导致了一种理论悖结：**表面语义构境上的**马克思意义上商品交换结构（生产关系）之上的"事物化"，与**深层批判构境**中韦伯意义上生产过程（技术）对象化的无意识链接，以建构出他自己思想构境中的物化批判理论。

在我们今天的现实生活中，一个三岁的孩子知道钱是最重要的，但他并不懂事物化（其实，成人也不会懂），而是他在每天发生的生活事件中看到，没有钱就不能吃肯德基，没有钱就不能买比其他小朋友更好的文具，是现实伪境塑形了存在，而不是物化错误误导了生活。况且，发生在资本主义泰勒制流水线上的劳动者变成生产工具的对象化，不是假象，而是现实。在网络信息化生产的今天，这一切颠倒的客观社会生活伪境则以更新的数字化魔幻方式实现出来，这是我们以后需要认真思考的问题。

将客体的存在界划于主体活动作用之外的二元对置状态，恰恰是农耕时代自然经济筑模的必然产物。在农业社会自然经济中，人的物质生产的本质还只是依附于自然生命生长运动之上的辅助性劳动，生产结果只是经过加工和获得优选后的自然产品，人类主体还是边界清晰地处于自然对象外部，这是客体-主体二元认知模式产生的根本性基础。

马克思的哲学革命，解决了旧哲学中那个抽象的物质与意识何者为第一性的问题。因为，从来就不存在**抽象的**物质和意识，人的意识活动总是基于一定历史条件下的社会生活，所以，马克思说"意识没有历史"。根本没有什么离开了具体的社会定在的抽象的物质决定意识，只有特定的社会生活之上的特定意识，这恐怕是历史唯物主义中那个社会定在决定观念原则的本意。如果意识并不对应于实体性物质，而是对应于人改变世界的活动关系，对应于人们交互活动建构起来的复杂生活，那么传统认识论中的那个主体-客体二元图式就没有立足之处。

个体意识的"我思"，只有在作为社会交往的交互活动（关系本体论）中生成的"我们思"里才是成立的，所以叫"我作为我们"。这个**我们思**不是个体意识的**量的总和**，而是不同个人意识活动交互生成的**交互主体性**。在这种全新认识论构境之中，这也会生成真正的非主-客分立的**关系认识论**构架，这才是由广松涉主张的真正消除主-客二元分立的**认识论革命**。

客观物质世界的确在人之外客观存在，但是当我们从认识中去看到、听到一个产生于外部世界的现象时，事情就并非常识和传统认识论构架所假定的那样了。因为，我们认识中呈现的现象，并不是简单的镜像式的外部信息，它总已经是一个**多于**外部给予经验的"某物"。这个我们看到和听到的"某物"，并不等于一维的客观对象，它已经是一个由**主体活动**参与建构的结果了。

依广松涉的观点，我们总是听到汽车鸣笛声，之所以它不是噪声，而是汽车的喇叭发出的声音，是因为这个"听到"中，已经含有我们**附加出来**的意义辨识；我们总是看到自然风景中的松树或者街上的行人，这不是混乱的视觉光点，而是清晰分节出来的植物和人，看到这些图像，也都内含着我们**附加于上**的意义辨识。

在我们的认知和意识活动中，真实发生的事情，并不是镜像式地映照外物原像，而总是已经在同时建构出一个给予经验现象**之上**的他物，一个比经验事实**多出来的**东西，即意义塑形和构序。

在一切认识活动中，成为认知对象的现象中永远都已经内含着一种**他性塑形**，有如康德座架混沌经验的先天综合判断的他性立法。因为，在认知对象中，任何显象和观念在表征某物时，同时还会是一个不是自身的**他性**指认。

人们之所以可以看到世界，并非主体个人直达现象本身，而恰恰是因为在**主体之间**得以传播的知识让我们能够看到世界。从认知的发生过程来看，**我**在看，但是一个作为某人的**他我**（主体间共有的传播的知识）在让我看到。

在素朴实在论的认识论中，通常会把"黑板是黑色的"

作为直接的视觉经验来证明外部的实在性，可是，如果我抱着自己可爱的刚刚足月的外孙女到黑板前，她却根本看不到黑板！因为，要看到黑板，就必须有关于黑板的概念，也必须有关于颜色黑、白、红、绿等的分类，在婴儿那里，那个能够让我们看到的由可传播的知识建立起来的"他我"还没有被建构起来，所以，没有进入交互主体关系的小小的婴儿是看不见"黑板"的。

传统认识论中假定的认识对象，并不真的是一个离开人而实存的物性现象，因为现象从一开始就是 für uns（面对我们的）。当我们觉得看到"某物"（树、黑板）时，这个我们之外的"某物"，往往已经"每每被物象化地意识"。这是由于，在认识活动中呈现的"所与"（质料）绝不是纯粹的现实形象，而是已与"形式"（意义）相结合的现实-理念的东西。

必须摈弃资产阶级认识论构架中同样是历史生成的那种自然-历史（文化）二元结构，只有一个世界，这就是我们存在于其中的**经过实践中介**的历史性的交互主体世界。正是这种交互主体世界在不同的历史时期，由特定的实践显相为不同的世界图景。

放在我桌子上的一把裁纸刀，它并不只是由感觉经验统摄构境中的一个金属物件，而是作为一个裁纸的**用在性上手工具**而在场。显然，这是海德格尔在《存在与时间》中那把著名的上手锤子的延伸。我走到郊外，可以看到田里的水稻、夜空中的明月和流淌着的河流，在我们的生活世界中,除去它们的物性实在(物在性)，它们**第一位的在场性**都是围绕着人的存在而发生的用在性，即可以吃的"粮食"、可以照亮夜道的光亮、可以游泳和钓鱼的场所。这也是马克思和海德格尔都意识到的，我们**周围的**世界恰恰是由我们的劳动或关涉性交道建构起来的**社会定在**（世界）。

即便是在人的周围世界中，自然还是存在着自身的秩序，比如金属可以导电，鱼在水中生存，人必须呼吸氧气，这些都是不以人的意志为转移的外部自然秩序。而在社会历史生活中，人的生活存在的各种有用性功能关系链接成复杂的功能意义链，建构起一个**非自然的**社会历史有序，并且，依每一天人们继续重建生活而持续构序。用我的构境论观点来看，这就是人类社会历史存在的**独特构序本质**，正是这种特殊的构序，建构了社会存在突现的**特殊场境意义**。

不同于物品单向度的被使用中发生的工具意义性，在人与人的交往关系中，存在着一种特殊的**有应答的关系性交往和交互主体意义**。人与人之间的会意一笑，泪眼相迎，一个不开心的白眼，当我受到攻击和伤害时，我在情绪和行为中都表现出回击式的愤怒和"握紧拳头"，这些，只是人的生命存在中独有的交互意义。通常，它不应该是工具性的，然而，人的笑容和眼泪，也可能异化为交际场境和权力场境中的工具性伪笑和假哭。

作为人的社会存在中的价值意义出现的传统和制度，因为它们只是人与人规范行为的关系性**实用功能结构**，所以我们可以看到记载它们的文字载体。可是，它们并不是物或者观念，甚至不是事物的发生现象，有如突发的火灾，有如奔腾的河流，我们可以通过一个知性整合的格式塔心理场来动态把握。传统和制度的价值意义存在**根本不在感性知觉场中呈现**，它们的认知，需要通过一种内省生活本身的价值惯性存在，才能生成更加复杂的格式塔觉识。

在整个交响乐团的常规演奏过程中，并非每一个乐手都会直接看着指挥棒的起落，但他们都用余光意会着音乐的节奏、速度、轻重和急缓，甚至相互的感情交流。在这个艺术创作的独特构境中，所有乐手都处于一种相互理解、相互交流和相互配合的构境空间中。每一次我坐在音乐厅中，都会仔细观察每一个乐手、每一个乐器组合在演奏中的交流和互动。一个好的乐团，你在现场能感觉到那种独一无二的动态气场，它是用不同艺术灵魂共同建构起来的相近音乐情境。它让你感动、让你为之落泪和失声叫好。

指挥家，是一场音乐演出的构境灵魂，他对音乐作品的重新构式决定了一种独特的音乐呈现韵味。

在社会生活的各个层面上，生产活动、社会交往和日常生活的每一个瞬间，都会是一个复杂的协动场境发生。在官场上的权力角逐、经济生意场中的力量较量和平衡、生活中的情爱家庭关系，以及所有文学艺术和学术思想的领域中，无一不是人们之间不同活动和意识当下建构起来的复杂场境存在。

在资本主义商品-市场世界中，并非人们直接误认了被颠倒的人与人的关系，而是已经历史性地颠倒了的支配关系，在现实生活中重新对象化为客观生活场境。人们在商品-市场世界中，不可能会想到抽象的劳动交换关系，甚至也不会想到商品-货币-资本关系的现实抽象，他们只会在用钱购买商品、用钱支配具象财富的过程中塑形生活。这是金钱成为世俗化上帝的真正秘密，这也就是说，不是桌子在人们面前头足倒置地跳舞，而是客观的物性现实筑模我们的观念，拜物教不是直接来源于不可见的关系颠倒，而是现实物质化生活的写照。

显相中当然有外部**所与**的东西，但这个所与被我们**所识别**并在统觉中看到，就已经赋形了某种我们的觉察**意义**。

在认识论视域中，让我们首先搁置日常经验中的**物相**独立存在的自明性，这是自柏拉图"洞穴说"和黑格尔"精神现象"开启的质疑，当然也是胡塞尔的现象学批判的法宝。因为，不管外部对象是处于什么状态下的实在，当它进入我们的认识视域中时，它作为**认知关联物**就不再简单作为外部的实在或独立实存的现象，而已经是所与–所识**关系**的结果。

在日常生活中，通过素朴实在论，我们总是无前提地假定自己直观地看到各种事物和人的实在。在胡塞尔的现象学批判构境中，这是所谓**自明性误认**。

日常经验往往是以不自觉的物像的方式呈现的，人们总是以为直接看到了物，却无法意识到这种看到是如何被建构的。其实，许多唯心主义的哲学家，都试图说明这种物像发生的问题。比如黑格尔在《精神现象学》开端之处，就在证伪物相世界的虚假性，因为在他看来，任何客观的意谓不过是自我意识在理念的座架下生成的统觉。在认识论研究中，康德在休谟对经验的可靠性的怀疑中，找到先天观念综合构架的整合作用，判定物像经验只有在**先天综合判断的自动整理**中才可能向我们呈现，这是著名的认识论中的"哥白尼革命"之本质。而胡塞尔则进一步深化了这种观点，他发现任何意识都是**有意向**的，而任何进入意识的对象又都是**面对我们的**（*für uns*）。所以，现象学的本质直观（直感）是意蕴着主体能动性的。广松涉觉得，在这一批判性反思构境的基础上，认识论的观念还可以在关系存在论的构境中再深化一步，因为，被康德和胡塞尔设定为单层的经验现象本身也是一种**关系性的**存在，现象已经是一种特定的面向我们的关系式显相，即**觉识**。

在觉识的瞬间，由我的意义所识构式于显相的所与。比如，在我路过南京大学仙林校区办公楼旁边的樟树时，听到自己并没有直接看见的白头翁的歌唱，这种**听到**是基于孩提时玩耍于树林里对白头翁鸣叫的熟悉经验。又如我在南京先锋书店挑选书的时候，突然闻到并不在眼前出现的咖啡的香味，这种**闻到**也是平时对咖啡味道的熟识结果。

在随时发生的感性知觉中，常常带有**主体的感情色彩**。当我们看到春日的阳光洒满大地，遇见自己所爱的人时，显相呈现会同时充满快感；在伸手不见五指的黑暗中和面临危险时，显相必然会处处显露恐怖感。这种与显相同时出现的快感和恐怖感也是"感觉以上的某种东西"。

不仅仅有视觉上的假现，也会有听觉上的假现，比如我在上下班路上通过蓝牙耳机连接智能手机中的音乐App，可以听到两种完全不同的音乐，即从老一些的唱片中导入的单声道音乐和从后来"高保真"CD中导入的立体声音乐。播放前者时，两边耳机生成的音乐中心是拟现于前额的，而后者则是一个超真实的音乐场显现。因为在立体声音乐的制作过程中，声音在录制过程中被分配到多个独立的声道，从而达到了很好的声音定位效果。在这种音乐听觉中，可以清晰地分辨出交响乐队中各种乐器来自的方向，从而使音乐更富想象力，更加接近临场感受。在一张钢琴独奏的CD中，你甚至可以听到钢琴键盘被弹响的不同声位。但这一切都是音响技术所制造的**高保真假现**。

显相中的所与，不是常识经验中的看似独立自足的物象化对象，它从显相中的呈现本身只是**作为**所与–所识关系的一个关系项，如果没有这个显相关系的存在，所与就无法成立。在这一点上，量子力学科学家们所说的"月亮"是已经进入人的认知关系存在中的"所与"，而非离开人而实在的东西。在这个意义上，你闭起眼睛不看，这个"所与"当然不在。

所与只要出现在显相中，它就是关系性存在。比如我们去莎士比亚故居旅游，惊叹地看到那山那水的绝美风景时，美景的<u>显相</u>并不是独立于我们之外的对象，因为在山上的小动物那里，它们在同样的山水中是不会看到这种美景的。当那碧绿的水让我们惊叹的时候，这种显相已经是内含着我们的美学意义的所识关系了。同时，这种一下子获得的美感也不是马赫所说的是各种感觉的复和，而是一种格式塔式的美感意境的场有突现。

在广松涉看来，认识论中的主体并非一个独立实在的物性存在，在显相的所与和意义的所识共轭建构起来的认知活动中，它同样是作为一种**关系性的复杂格式塔突现状态**在场的。

患上了感冒时，感觉身上发冷的我，会下意识地用手摸自己的前额。此时，手是**主体性的能知**身体，而被摸的前额则成了**所知的显相**身体，发烫的前额和感到温度的手掌是一个显相的所与和意义的所识的同体存在，但在一个共时性关系中扮演了不同的角色。当然，在同一个瞬间，我突然用前额去体知冰凉的手，刚才的主体认知关系马上就会逆转。

一个人言不由衷的赞扬中一个细微的表情，就会让我知道他是多么不喜欢一个事情却嘴上说好。当一个人去吻一个已经心死的曾经的恋人时，不用言说的意会构境会让他立即绝望透顶。

当我们听到一种不完整的声音显相时，我们的耳朵可以迅速判定它的性质，当它被我们听到的时候，我们总已经是在听到爆炸声、小提琴演奏声或者女孩子的**说话**。这也意味着，听到，已经是声音显相的所与-意义的所识的统一体。在这一点上，人的听觉的丰富程度已经远远超出动物的听觉。

认识的发生，并非一种先于个体认知的抽象概念构架作用于我们的经验整理，而是后天生成的主体际交互关系中**突现发生的**交互主体机制。任何概念与对象的认知接合，都不是一个现成的非人外部构架对经验现象或有待座架的理性碎片的给予和统摄过程，所有能知的个体对概念意义的所识，都是后天人们之间交互主体际效用关系的逐步生成。

作为认识对象的关于物体的世界像是**历史性变化**的，从本质上看，它只是一种**历史性的事物之像**。例如，关于我们生存于上的地球，东西方的古人都会将其视作一个由神托举着或浮在水面上的扁平的大地，一直到近代航海实践特别是欧洲"发现新大陆"的长距离跋涉，我们才发现自己生于斯的大地是**地球**。其实，有过海上旅行经验的人都会发现，远处驶来的航船通常都是桅杆先露出海平面，它反映了海平面的曲度；而新大陆的实践则直接证明地球的可环绕性。

我们在日常生活常识经验中所面对的物象化世界中的物，其实都是在与人的存在发生有益价值关系中塑形和构序的**有用物群**（*Güter*），而非离开我们而独立实在的自然物质实体。

14

哲学应该是每个人生命体验的鲜活呈现，而不是离开生活的抽象概念体系。

我觉得，生活现实的**场境存在和非概念化的构境体知**，正是人面对世界的现实生命样态，也是我们民族特定文化身份与境中主观意识的特有呈现方式。也就是说，这就是我们民族原生的独特生命存在和异质于西方物性文明的文化形态，只是我们自己在显性文化表征上丢失了太久。儒释道合一升华中**体知性的内敛意会话语**，这才是我们在今天应该居有的民族文化身份啊我最讨厌那种把自己装扮成大师的人，其实从被隐蔽起来的黑暗考古学的视角看，所有人都有被故意遮蔽起来的真实面，从来没有什么无瑕的圣人，故而，道成肉身的反动逻辑应该被颠倒过来，有缺陷的活人的思想才是真实可信的。这也是拉康所言，真实就是在"装"撞碎于破绽那一瞬间在场的。

意会哲学的本质，在一个层面上接近我所主张的东方**构境论**。说起来，经验论的方法是面向感性直观的显相，可波兰尼却可以透过直观看到理性认知所看不到的意会层面，在这一点上，他的哲学恰恰是东方式的**体知意境和直悟塑形**。

必须放弃传统的抽象理性思考构境，进入生活，进入自己的肉身活体体验，在非直观的场境存在的无数细小的生命话语片段和活着的思之构境瞬间中，理解意会认知的真谛。

我的构境理论基于马克思的历史唯物主义，并将其推进到历史性的**客观社会关系场境存在论**，在此基础之上彰显东方文化特别是中国体知文化所特有的生命总体构境意向。

日常生活的普通运转，在主体上是**非变动性的惯性重复**，这是社会生活常态和日常生活的一般本质。这也就是说，物质生产和社会活动在非总体革命轴心期的平日中，是以惯性实践和生活惯习为塑形-赋形中轴的，每天的社会生活和个人日常生活都是重复性场境重现。

人的主观意识活动中的不同场境分层：这就是人们每天遭遇**感性经验中的瞬间塑形**，使我们能够看到、听到、触到有不同意义**识别质性对象的统觉赋形**，支配我们觉识周围世界图景生成的**先在概念（知识）构式**，以及更深一层的**原创性学术构序、系统的话语筑模和独有的思想构境**。

从**主体向度和批判性的视位**进入构境理论，就会生成特定社会历史阶段中，不同社会关系颠倒的**奴役性场境存在**与主观世界中的**伪境**呈现的全新构境层面。历史地看，在每一种人类社会生活的具体定在中，惯性发生的社会场境存在与意会中的观念构境都会是异质性生成和错认的。这种颠倒性的场境存在和幻境，都是在它走入历史坟墓时才被揭露的，而此前，一切颠倒性场境存在和伪境都会是重新对象化为真实生活的基础。

在原始的图腾崇拜中，当原始部族中的人群敬畏自然对象和未知力量的时候，不会有任何人怀疑河灵山神、圣性动物的神圣存在，以及这种圣性存在对现实生活的决定性支配作用；在黑暗的中世纪和东方的封建时代，也没有人能够透视皇族天子的血统论之荒唐和伪谬，奴隶和农民的造反多半都重铸一个替天行道的骗局；在今天的布尔乔亚世界中，也很少人会怀疑作为世俗上帝的金钱之神圣万能地位，以及这种关系力量对我们现实生活的特性塑形和存在筑模。这也就是说，在人们不同的现实生活和精神世界中，所有人都惯性适应和意会觉识的客观场境存在和主观情境，并不都是真实的社会定在。在今天的商品－市场王国中，意会认知本身成为金钱交易中的潜规则、腐败官场中你知我知的权术游戏和拜物教观念中的常识，这恰恰是人们难以克服的恶行。

依波兰尼的看法，科学家的个人判断和寄托是科学构序和进化的重要动因，一切科学知识塑形都离不开科学家个人，他们摆脱不掉的个体热情、价值和雅美，同样也是科学的本质属性。

科学从来就是由具有充分人性的**个人知识**构成的，科学研究是作为人的科学家个人的创造性理论赋形活动，而不仅仅是对象物的外部静止投射。

在当代西方的资本主义社会生活中，科学技术的工具理性变成了合理化生存的模式，科学支配着人，把个人的差异性生存夷平为一种标准的、齐一化的、丧失个性的新式机械装置。在这个意义上，科学技术已经可悲地异化为意识形态的教化机器，成了毁灭人类个性的最大软性隐框架。

正是在这种独立性的自由探索中，科学家们会自发地相互参照，并且根据这种参照改进自己的研究。无形之中，这种独立的主动性间的自我协调，就会自发构式起一种科学家之间的学术共同体。

在日常生活的每一个经验觉识中，我们一眼就能看到一个小伙子"帅气逼人"，路过树下马上就可以听到白头翁的歌唱声。按照格式塔场境理论的说明，这里"一下子看到"和"听到"的直觉瞬间，实际上已经发生了极为复杂的心理经验整合。

我们对熟人面容（"脸"）的瞬间意会辨识，是在**内居于**某种并不精确的格式塔场境中突现出来的。一个人的面容不同于另一个人的所有特征，都不会是被仔细辨别和界划的，即便是在平时，我们也不会对着一个熟人的脸记住它的所有特质，它们是在辅助觉识场境中被意会的。在无数运动着和交错出现的人脸中，我们瞬间看到自己要找的熟人，这个看见是场境意会中的"熟悉"直悟。

例如，我在海德格尔的《存在与时间》一书中，读到在欧洲思想史上那个最常见的存在（Sein / Being）概念。在看见这一概念的那个瞬间，我会立刻将它与实在论中的那个物性对象存在区别开来，再将它与自埃利亚学派开始的唯心主义概念构式中的感性杂多背后的"本质"存在界划开来，然后，还得将这里的存在进一步从形而上学的石化存在者中摆脱出来，这才能读到海德格尔非本体论中的关涉性的存在论差异。这一复杂的哲学辨识过程，在我读到海德格尔文本中的那个存在概念时，都是意会式地格式塔场境突现的。我并没有时间每一次都层层剥离不同的概念构式意向，从可以言说的理念逻辑的不同认知细部中演绎出这种概念辨识。我读到它，它瞬间自动呈现出一个思辨的场境中的枞序质点，它是**一下子**被意会式地获得的。

人的意会认知场境不仅依托个人行为的惯性运作，而且在更大的社会空间层面上，受制于历史性的社会实践场境的影响。原始部族中的人们所意知的世界图景，封建王朝农耕大地上人们意会到的自然风光和人伦情境，与今天在后现代网络信息条件下，人们在通过30万千米／秒的速度呈现的微信视像中意会到的多彩视听景观是完全不同的。在资本主义工业流水线上，传统手工业作坊中的工匠意会技艺恰恰是被根本排除的，而当下被热炒的人工智能的模糊算法，是否具有替代人的情感、思想和艺术意会机能的问题也日益突显出来。

我们所获得的关于自然世界的图景，永远是在人的历史性存在构境中绘制的，以为去除人的主体性，就可以获得认知结果上的绝对客观性，从来就是一种假手上帝之眼的**神目观伪境**。

遭遇我们周围的经验世界，认识世界的本质，理解我们自己的生活，看似简单，但每次认知活动都会是一次复杂的**格式塔心-物场境突现**，而在各种不同层级的认知场境活动中，存在着大量不可见的理论和实践的**塑形**（*shaping*）作用机制。

在任何科学研究和认知活动中，人的因素实际上是排除不掉的。科学永远是**人的科学**，这是一个存在论上的宿命。

无论是在何种情况下，我们都只能用人类交往活动中塑形出来的特定语言，从我们自己现实生存的价值关系视角出发去认知世界，我们所获得的关于自然世界的图景，永远是在人的历史性存在场境中绘制的，这是**存在论上的必然**。

真正会学习的学生，恰恰不是把精力都放在那些可以言传的知识点记忆上，而是去体知老师分析和解决问题的不可言传的独特思考方式，甚至他的生存方式。

钢琴大师鲁宾斯坦在弹奏肖邦的《夜曲》时，其注意力一定是放在对肖邦创作意境的体知上的。他对肖邦《夜曲》的理解，通过特殊的节奏和轻重控制，生成一种他意会的独有诗性音乐空间。此时，他的这种意会场境当然是通过钢琴弹奏对象化的，可是，他的手指在钢琴键盘上的灵巧游走只是在下意识的辅助觉识中，如果他突然将焦点觉识转移到琴键的弹奏细节上，那混乱就不可避免了。

波兰尼告诉我们，当我们在骑自行车的时候，我们的焦点觉识一定是放在路况的整体观察上的，而对自行车的骑行和具体方向的操控，都是在一个下意识中发生的格式塔场境中完成的，我们只是辅助觉识着这一自动生成的行为-意识场境。但如果我们的焦点觉识突然转到了自行车本身的骑行和掌控细节上，我们必然会跌倒在路边。

构成人的生命存在本质的是一种特殊的行为-意识**整体场境**，而这种构境突现恰恰是在非实体的场境式辅助觉识中发生的。辅助觉识不是一个对象性存在，它是一种场境突现，当你将注意力指向这种场境时，辅助觉识则自行消解。

鲁宾斯坦所弹奏的肖邦《夜曲》，当我们静静地欣赏它的时候，它一定是作为一个音乐意会整体呈现在我们的心里。而如果我们此时想刻意分辨曲子某一部分的具体音节构成时，音乐构境则瞬间瓦解。

我们平时在教学和学术演讲中，即便是使用同一种语言，也会在说话时辅助性地觉识自己所使用的词句和概念。一旦我们在言说中关注概念使用和句式，话语意会场境则立刻土崩瓦解。甚至我们可以说，话语的存在方式就是意会构境。

依波兰尼之见，在盲人通过导盲棍探路的过程中，棍尖在路面上无障碍地点击前行，基于路面情况的每一次无异物点击，都会生成一个物理接触信号传送到他手心的直接触觉中。此时，对路面的直接感知生成一个无异物接触的表述性的**事实意义**，这个意义恰恰是在辅助觉识中关注的。而同时，在盲人的感知场的焦点觉识中会生成一个整体的意义，即**生命安全的意会意义**。当棍尖碰到平地之外的障碍物时，事实意义中的异常的信号会立即传导到盲人手上，他会随时调整自己的行走方向和速度，因为整体感知场中的瞬间意会意义是**不安全**。

我的构境论与波兰尼不同的地方是，我不认为人的个体行为和意识活动的意会整体可以独立地突现所谓生命的意义，在此，意会场境的意义被夸大了，因为所有个体生命的意会构境都只是特定社会历史场境的结果。在我的构境论中，生命的意会是**历史生成**的，它通常会由一定的社会生活关涉场境和特定民族文化中体知精神筑模共同构境而成。它是日常生活场境的更大意会背景。

对于有着正常视力的我们来说，看到广场上的人，从来不是对一个物体静止画面的反映，我们同时通过双眼接收到两幅图景。比如我现在左右眼的视力不同，一个 1.0，一个 0.8，双眼都有轻微散光，它们以差异性的图景传递到我的视网膜。那个看到的瞬间，我真实获得的既非左眼也非右眼的单纯客观信号，而是二者在整合性轴心上的 convergence（会聚），比如其清晰度既非左眼也非右眼，而是 1.0 和 0.8（加散光）的中轴会聚。这还不是全部，在我看广场上的人时，我显然通过轻微的视线移动比较了人与周围道路、房屋等环境的关系，这一切又是通过非视觉器官的内耳的无形脉冲体知作用才完成的。

现在，我戴上了一副可以校正散光的眼镜，我再一次将目光投射到广场上的散步人群时，我获得了比刚才不戴散光眼镜要清晰的图景（这里面发生的细微物理调节原理是更加复杂的，比如眼镜镜片如何中和散光的模糊状态等等）。这里我想说的是，此时的散光眼镜在我看到外部世界的过程中，不再是外部的工具，它已经成为我身体器官的一部分，甚至是我生存必需的一部分。它不只具有技术意义，而是同时获得了**我生存世界意会的整体意义**。

当代小提琴演奏大师帕尔曼在每一次演奏中都会眯上双眼，让自己沉浸到小提琴的演奏中。这个时候，他的肉身消失了，小提琴的音响中流淌出他的生命存在，最能表达人的内心构境的小提琴在他的演奏中，表达了人的现实生存中无法表达的细微情感和独特韵味。在他所演奏的《辛德勒的名单》电影主题曲中，我们听见了他心中对那段悲情的历史生存的理解，这是所有文字都无法表达的精神构境层。在这种音乐会现场，他手中的那把小提琴不是一个外部的乐器，而就是他的生命涌现，就是他生存的意义构境。

当我们在科学话语中开始面对世界的时候，这些已经**处于下意识之中的意会运用**，让我们以"数学""物理""化学""生物"以及"哲学"和"历史"等独特的**预设方式**看到世界。正是不同的解释框架（科学话语体系和解读模式）中的**隐性预设**，导致了处于不同话语体系中的科学家面对世界的不同视位，从而构序成异质性的观察结果。

任何一个时代人们认同和内居为自己意会认知筑模的基础，都只能是一定历史条件下的社会生存场境筑模。

我觉得，在海德格尔所实现的从形而上学存在者本体论向存在论的转移中，他已经很深刻地意识到存在的关涉和发生特征。所以，个体生存被确定为一定时间中的有死者的去在世，此在有目的地操持上手，由功能性的逼迫方式使物向我们涌现出来，存在功能的链接方式即生成交道性的环顾世界。也是在这个关键性的构序链中，海德格尔列举了锤子功能性地合手与**上手**之在的例子。然而，海德格尔没有进一步分析锤子**为什么合手**！这正是波兰尼所说的，我们总是附带着一种信赖以及看不见的寄托和承诺进入存在，比如我提水壶的把手、握住开门的把手、旋转汽车方向盘的时候，那种功能性的合手状态是自然和无意识的。在一定的意义上，波兰尼的意会哲学构境正是要解决这一核心问题。结论是：存在论意义上的**合手的秘密是意会**。

实际上，我们每一个人的日常生活中已经变得熟悉自如的合手状态中的言行，在自己幼年的成长历程中，也都是经过无数经验磨炼获得的。

在我们的日常生活中，所有我们的言行都是通过实践和学习获得的，这种获得的过程，都会是通过将前人的经验或者知识**同化为我们的无意识存在状态**而实现的。我们会打网球，这很可能是教练手把手教我们，再由我们自己一拍一球地长期练习获得的技能，只是在我们熟练地接发球的运作中，我们不会在当下去记得那些具体的构序规则和技巧。我们会开汽车，在驾驶汽车的过程中，方向盘的操控、油门和刹车的合手使用，往往都不会再经过我们的意识关注，一般都是在辅助觉识的状态下处于**下意识惯性场境**中的。

我现在正在写这段有关合手性的不可言传的文字，可是，我合手使用的五笔输入法、所有不断涌出的哲学观念，甚至是汉字词组，它们都没有处在我的显性意识之中，它们神奇地从**前意识状态**中连续地跳出，其中的逻辑构序和整体思想构境似乎都是自动发生的。

这是波兰尼已经接触到的意会认知构境层，然而，为什么我的此在之思（如果"我思故我在"的话），会以一种十分独特的情境表达出我与所有其他哲学家不同的思想质性，这就不是波兰尼的**合手性意会**所能够说明的精神层面了。合手性意会认知是思考技能条件，但一个思想家独有的学术个性已经是一个新的精神情境突现。这个超越了通常语言使用、概念组合和思维定式的个人独有的格式塔式的思想构境，才是科学、艺术和思想原创活动中不可还原的根基。

社会生活，在夜晚是"不存在"的，因为午夜时分，所有人都睡去时，虽然人的肉身仍然在床上实在，城市的大楼和道路都客观存在，但白天由人与人活动关系建构起来的经济、文化和政治场境是不在场的。人没有活动，大楼里无人办公，道路上没有人来车往，田间和工厂中没有生产劳动，**场境式的社会定在则不**

在。第二天一早，特定的社会生活，即在一定生产构序基础之上生成的社会生活构式的统摄下，由人与对象的塑形-赋形（劳动生产）、人与人之间复杂的社会交往互动，重新建构起社会生活场境。

我们直立行走中的平衡、双眼视像的调节、对声音的分辨、声带的发音等，这些的确是我们在生活经验摸索中获得的技能，我们不会去仔细探究每一种技能的机制。但是，我们大部分从社会生活中习得的行为和技能，通常还是可以通过言传来传递和学习的，比如语言在文学创作和学术研究中的进一步运用，今天才出现的电脑语言编程和输入的技能，飞机驾驶技术，政治手段在网络化远程登录中的运用，这些技能只有在熟练掌握之后，才会成为辅助觉识中下意识发生的不可言传的整体意会能力。

波兰尼的意会整体是对话语的一般意会运用，而像爱因斯坦那样的科学家、黑塞那样的小说家、海德格尔那样的思想家独有的主体构境，是一个更高精神层面的东西，它不仅仅是用意会机制就能说明的。我的构境理论与波兰尼最大的区别，就是在我看来，意会体知只是精神构境复杂机制中的一个机能而已。在社会生活层面就更是如此，原创性的科学构式、舞台上大师的艺术赋形、复杂的政治斗争较量，以及形而上学的沉思，意会机制只是其中人的高级场境存在和精神构境的一个工具性的发生机制而已，意会并不代表人的独有境界。

我们从小开始接触到的教育体系，几乎都是以可以言传的知识体系为基础的教化框架，这种框架精心培植了一种对可以言传的知识框架的感情，无思地认同和同化于它，并将其视作我们区别于动物的智力优势。

在我执教长达 25 年的南京大学的博士生公共课课堂上，可以发现，每一个来听课的文科博士研究生，只有当他（她）从我这里听到的话语在自己曾经使用的场合中获得过理解时，我的授课内容才是可以入境的。这是说，知识的传递不是线性直达的，而是结构化匹配的，这是 20 世纪认知心理学已经获得的认识。更精准地说，课堂教学成功的秘密是让学生进入你的思想场境，并参与这种积极的激发性思考活动。可是，听懂一层表达后意会式的笑声与真正进入老师话语构式的严肃的共同构境还是不同的，这是我们在操控课堂心理场境时必须区分和精心调控的。

在现实中，我们看到的世界的确是因为光线由物体的反射传入我们的眼球，再经过角膜和晶状体（相当于凸透镜）的折射，然后到达视网膜，它所呈现的视像是一个**倒立、缩小的实像**。然而，我们看见的物体都是正立的物像，这其实是因为受生活经验自动建立的**一种行为连续性标准的意会整体作用**的影响。这是说，我们看到直立的世界万物，只是一种行为关系连续性构式的意会整合结果，这可能是我们没有想到过的事情。在一般情况下，我们并不知道这一世界图景的"假象性"，更无法想象这种每天被我们信以为真的视像只是一种行为经验意会构式。

在马克思所揭露的资产阶级商品-市场世界中，人与人的关系在交换活动的现实抽象中发生"事物化"颠倒，劳动价值关系畸变为经济事物与事物的关系，以出现全部现实生活倒置成像的拜物教之谜，这其中的伪意会场境是极其惊心动魄的。在日常生活中遭遇金钱时，我们不自觉地都会**意会到它就是财富**，然而谁都不会知道金钱只是劳动交换关系在商品-市场中的事物化颠倒！从意会认知到资产阶级世界中的伪意会运作，是波兰尼无法进入的马克思经济拜物教批判理论的中心构序层。

我们在大学里给学生们上课，关键并不是简单传递死去的概念知识，而是要让他们懂得科学概念生成的原因，学会求知的能力，最终学会践行的能力，这些**看不见的能力培养**才是教育的本质。

波兰尼也没有直接意识到，东方文化中已经存在了数千年的**体知教化**传统。中国传统文化中的私塾教育，中国传统的书画传承，中国传统武术的师傅习教，中国传统中医治疗技艺的传授，甚至中国化的禅宗教化，几乎都是不拘文字、直指意境的体知教育。

教育的主要任务是要教会学生像思者和艺术家那样去面对新事物，也就是说，教育的本质是要教会学生改变旧的知识框架以适应新经验的能力。与那种简单重复的可逆性的概念知识传递不同，这种启发式的创新教育活动恰恰是**不可逆的意会能力训练**。

波兰尼的 situation（情境）是在一个现成的完成状态上使用的，而不是我所使用的 situating（构境）。按照我的构境理论，这是一个必须颠倒过来的有序关联：人的实践筑模（其中基始性的是物质生产与再生产构式），它在一定的社会历史场境中作为**客观社会先验**构式，规制了人们生活中的对象性欲望（需要构序）构架，进而生成与这种获得行为一致的感性觉识塑形构架，之上，则是一定历史条件下生成的观念赋形构架。其实，在每一个场境层面上，都会发生波兰尼所说的个人言行中的惯性意会机制。遗憾的是，波兰尼缺失了一个重要的逻辑构式层面，即对在整体社会定在场境中突现出来的**群体和社会意会**场境的认知。社会意会与个人意会认知的发生路径和机制，显然是大大不同的。他虽然在"科学公断"问题上旁涉这一场境，但他作为"看不见的手"，意识形态化地处理了。

在知识和技能的学习中，调动学生的智力激情是最重要的，因为，任何科学理论或者文化体系的解释构架，说到底，本质上都是由人的智力激情建构起来的，所以，真正的教育和学习一定是**通过热爱**来实现的。

如果我们不把自己真实的感情注入讲授中去，它就不可能让人肃然起敬。你在每一堂课里所讲的东西，如果不是自己倾注心血和充满热爱的观点，是不会真的打动学生的。这也使我把每次上课都当作如履薄冰的朝圣事件来对待，从不会掉以轻心。

科学教育的本质也是一种内居于生命存在的艺术。

当科学家内居于一个科学认知活动之中时，他既不是简单地从外部观察一个与自己无关的客体对象，也不是功利性地简单处置它们，而是充满激情地"生活于其中"（live in them）。这个"生活于其中"，并不是马克思所指认的改变世界的外部实践关系，即按照人的意志去塑形-构序对象，而是要将主体生命存在置身于对象本有的内居关系。这已经不再是占有性的功利塑形-构式，而是新型的星丛式共在。

所有重要的科学发现和发明，都是科学意会中的爆燃，它炸碎旧的科学理论框架，生产出新的见解和认知构式。其实，突爆已经不是简单的辅助觉识和焦点觉识建构起来的意会场境，而是意会整合实现的新的科学理论构境。

在以拷问和控制自然（培根语）为目的的观察实验中，

没有灵魂的科学家和不带自己主体性的实验员们（韦伯和法约尔），操纵自然对象的观念构架生成一个让自然存在 for us（为我性）涌现和以特定存在方式到场的显示屏。我们可以塑形各种直接实验数据，这些数据都是我们的"身外之物"，我们并没有亲身体验它们的生存。这恰恰是整个西方物性科学逻辑的本质。

在内居性科学认知中，科学家不再是"没有灵魂的工程师"，而是像艺术家那样献身于对象的本有存在之中，他们必须在对象的存在场境中通过沉思式的体验生成一种情境突现。这是一个人与自然关系的根本性的颠倒，科学家面对自然，其出发点不再是奴役性的控制和征服，而是充满热情的生命体验；内居式的科学认知的本质不是强暴性的"拷问"和操控，而是在冲破"一切固定观念框架"后一种对研究对象存在的直接体验中的梦想突现。

艺术的目的不是要现实地控制或改造世界，而是在一种与现实的**非功利性间距**中沉思。当然，艺术也不是无思的崇拜。所以，它有可能去除科学概念织就的客观性的屏障，真正通过内居于事物之中的艺术情境的突现来达及对存在的沉思。

诗歌的艺术情境突现，就在于它能够通过内居性的意喻空间，否定性地打破我们熟知的生存假象，让生命奇迹重新在此-彼构境中突现出来。

在寻求爱情的男女之间，当你还在喋喋不休地诉说自己的爱慕，而得到对方得体的回答时，这表明你们之间仍然存在着不够信任的间距。而当你第一次被允许牵起对方的手，或者可以默默地拥抱自己所爱的人时，这说明你真的被接受了。这里的无言互动，是感情中突现的真实信任构境，这种意会中的欢会神合胜过一万句美言。这也是不少经典爱情电影场景中，凡是发生了误会的情侣，最终总是在无言的相拥中相互谅解，那一刻，撩人的小提琴或催泪的钢琴声响起，雪花从天而落，观众幸福共境足足的原因。

我们跟随老师学习，如果只是停留在外在的概念和知识点的记忆之上，这种学习总是不成功的。真正的学习必然是将我们自己内居于老师的存在情境中，在充分信任的基础上意会式践行他的思考问题和解决问题的方法。

最亲密的伙伴关系，往往会进入一种无言的神识心通境界。在日常生活中，我们会与自己喜欢和信任的人一起在山峰之巅、在海边默默静坐，心中涌动着相近的思潮。这早就已经不是一般的意会共识，而是一种奇妙的欢会神合构境。

当我站在山顶上，在生成一幅雪山的视觉图像时，并不是传统认识论中那种外部对象在我的视觉经验中的简单反映。我在**一瞬间看到**这一雄壮的自然美景时，已经发生了许多我自己察觉不到的复杂身体意会整合：除去雪山通过光影投射，在瞳孔和晶状体的主动调节下，在我的视网膜上会聚成像之外，这"一瞬间的看到"还会需要来自我自己内耳的信息，保证"能够看到"雪山的身体肌肉组织的信息，特别是我的大脑中贮存的可以用于识别这一图景的所有经验记忆信息，比如我自己关于黑白颜色、雪、山峰、天空和远近的景深等的一系列复杂信息。这一切，都是无形、无意识地发生在身体内部的意会整合，共同决定着我对视网膜图像的认知结果——"一瞬间看到"雪山。这个分析，当然要比过去我们那个"从感性认识到理性认识"观点更加深刻，更加接近我们的经验生成现实。

在我们使用不同工具的过程中，海德格尔所说的钉钉子的锤子、老年人使用的拐杖以及我们用于洞穴探物的探针，都会在反复训练之后的熟练掌握中，同化为我们的肢体和感官。虽然我们并不直接接触钉子、路面和不可见的洞底，但我们可以通过工具作用和感知到那个经过中介的外部世界。

一个人对着我笑，但我在他的笑容里看到了直接面部表情里所没有的嘲讽或者奉承，于是，我可以意会到比这种面容细节"要多得多"的虚饰性。这当然不会仅仅是一个微表情的读心术，而是与一定的文化存在相关。

现在，我站在窗子下阳光直射到的地方，将自己的手从没有光线的左面暗处移动到窗前，再移动到没有阳光走向的右面暗处，我的手经历了一个"颜色、形状和大小都在持续发生变化"的过程。以往，在胡塞尔批评的自明性假想中，这就是一个简单的"我的手在动"，可是波兰尼让我们注意到，我能看到移动中的手，已经是多重辅助线索意会格式塔整合的结果。如果这些线索不存在，比如，身体对手的整体意会觉识、视觉线索的颜色分类赋形、不可察觉的眼睛肌肉的调动、内耳迷路对运动连续性的塑形感知不能正常运转，我是无法看到位置和颜色都发生视觉变化的不变的"手"这一运动情景的。更直接的反例为，视觉能力下降、色盲或内耳机制退化等疾病患者，并不能正常看到一只黄色的手在光线下的色彩变化和位置移动。

我通常在博士生大课课堂上课时，十分留心自己的讲授与学生之间交流互动的心理场境的觉识，我肯定不会去分辨一个一个同学的面容，而是通过格式塔整体觉识孩子们可以听懂的会意笑容和平静。而另一种情况下，当我讲到自己关于譬如马克思的事物化理论和海德格尔哲学的双重归基论时，大部分同学的皱眉和凝重目光会让我知道接受难度的变化。对我来说，这是一个经历了 **25** 年同一课程后已经逐渐了然于心的教学心理场境的当下塑形与格式塔觉识。可是，当我在一所自己并不熟悉的大学演讲时，上述自己已经融贯意会的课堂格式塔心理场调控则完全无效，我不得不重新捕捉陌生学生思想反应构成的心理场境。

其实，比波兰尼常提及的探针和导盲杖更能说明工具与身体双向内居关系的例子，是我们在中国书法中对毛笔的使用。与探针那种感觉器官的延伸不同，毛笔既不是手，也不是思维的延伸，它是特定艺术创造能力的一种意会式的综合延伸，特别是在汉字行草的书写中。不同于西方文字字母的同质性，汉字书写的横竖撇捺点勾等笔画之间的粗细、起落间的相互呼应，让每一个字都随着我们对毛笔的用力轻重、涩滑节奏场境式地塑形出一个字独一无二的构序关联，且构式起字与字之间空间结构的总体意会，这才生成与个体性、独特性相关的不同书法家的风格。

人的身体固然是我们认知活动的物质承载体，但是，它并非自身之中已经存在着的现成的意识实在。人的大脑不等于意识，大脑皮层中的电波流也不是精神智能，外部光线投射到视网膜上也不是意识，只是当人开始进行意识活动的时候，在物质活动之上意识现象才**突现式地发生**。以我自己为例，在昨天晚上我睡着的时候（除去如果出现梦境时，会出现非整合的意识片段外），我的意识活动也随之消失，而在今天早晨我醒来之后，意识活动随着全身机能的恢复而重新复苏和内居其中，从经验觉识中对环境的重识到当下的哲学意识创作，都是一种突现的内居式构境和不同意识域的转换。

我此时在电脑前的哲学写作，心在想，手在动，看起来很简单，可是内居于复杂的话语系统中的我自己的创造性思维、已经内居为下意识操作手指敲击键盘的五笔输入的法则，以及眼睛仔细观察屏幕上出现的句子的反射调整，看起来只是一种写作技能的思想创造，其实是一种意会式内居在我当下建构起来的复杂接合存在中的构境。它不实存于我的体内（大脑和手指），它只突现于我的生命体知和思想构境存在之中。而当我停止写作时，这种特殊的接合构境则立刻解构。显然，意会式的内居只是一种当下发生！

一个读者在与经典文本的深入交融中，当他真的能够现象学地悬置"陈见"，与大师的灵魂相遇，不是跪着臣服，而是创造性地将大师的思想推向深入时，这种"我-我"关系的意会才会突现。一个音乐家与自己喜爱的乐曲之间，也有可能达及这样一种"我-它""我-你"边界消失的自我认同构境。

人的主动意识活动不是一种可还原为物质载体的东西，它不过是人的主观活动发生时一种突现的意会场境存在。这种突现的意识活动，不仅关联于认知对象的意会赋形结果，也会是意识突现场中更高的自我构境，因此，它也是一种不可逆转的建构性在场。

所有意识的呈现都是一定现实生活场境存在之上的不同主观意识构境。现实生活场境的发生，会有一个感性塑形—行为赋形—关系构式—筑模的复杂过程，而意识构序层面则会有经验统觉塑形—观念赋形—构式和逻辑筑模—精神构境的过程，艺术构思和思想创造的过程就更是构境。

当你将"爱"这个字反复说几次，同时在镜子里仔细观察发音时舌头和嘴唇的动静，此时你一定不会体知到"爱"这个概念的深厚意义。"爱"这个字，是我们从小学习汉字时就认得的，可是，什么是爱？什么是亲情之爱，什么是恋人的爱情，这些只能是在我们拥有相当长的生活经历之后才能体会到的。当我们的孩子第一次出远门，看到自己的孩子消失在登机口时，亲情之爱会堵在胸口让你喘不过气来；当你第一次被喜欢的女孩子接受或者拒绝，内心中的喜悦和哭泣会让你立刻意会情爱的力量。有时候在课堂上，我会与学生开玩笑：当你用概念去描述爱情时，用金钱和地位去定义未来的对象时，那爱情一定会与你擦肩而过。爱的概念，对每一个人来说，都是一个复杂的内居性历史情境，当你关注它被说出的细节时，它就无法建构出自己的理解意境。这也是罗兰·巴特《恋人絮语》一书的要义。如巴塔耶所说，理解一个概念，就是在其中真实地活过。

舞蹈的本质并不是一系列舞蹈动作的先后发生，而是一种通过舞台空间中**非及物的姿势塑形**表达内心情境的形而上学艺术总体构造。观众在观看舞蹈的时候，特别是看舞蹈大师们的表演时，同样只能通过内居舞者的内心世界来体知优美的舞姿构序。这是一种双重内居的situating（构境）!就像中国新一代自由舞者胡沈员在独舞时，他将自己对生命存在的理解，特别是此在在世的复杂经验，内居于每一个细致入境的精美舞蹈动作中，用他自己的话来说，叫"用身体讲故事"。他的舞蹈没有了练出来的动作和故意停顿的亮相"起范儿"，"面条一样的脚与柔若无骨的身体"（杨丽萍语），将他的肉身化作生命存在本身的自然流淌，人的隐秘的欲望、不可表达的细微情感和透着精神灵气的生命细节，在如音诗般的形而上学姿势构式中喷涌给观众。看他的舞蹈《儿时》，大多数人会被一种说不出的情绪所打动，其实，这正是人们不禁地自动内居于他的内居性表演之中的结果。他自己说：“《儿时》是我尝试用简单的生活元素去创作的一支小作品，我把我回忆到的画面用朴素的方式去呈现，去听、去看、去感受。舞蹈是身体和心灵聚合的反应，它没法说谎。”在我这里，胡沈员的舞蹈是一种特殊的哲学，它会突然令我的灵魂在精神颤抖中被征服。真是了不起。

我曾经在江苏大剧院观看慕尼黑爱乐乐团的演出，这是一支具有德国严谨风格的一流音乐家团体，尤其是它的弦乐队组。他们演奏的韦伯的《奥伯龙序曲》令人着迷。由圆号开启并由管乐继而全乐队合奏所代表的奥伯龙（Oberon）和蒂塔妮亚（Titania）仙族的霸道话语与多声部弦乐表现的胡昂（Sir Huonof Bordeaux）骑士和雷基娅（Reiza）公主之间的人类爱情抗争，在总体合奏的压抑和弦乐赋格式的不断突现关系中，最终使总体强权音话同一于弦乐的主题，在细微的分层对话中构序和筑模了极美的灵性碰撞。我坐在观众席中，整个音乐想象空间被逐层撕开，每一次的音乐话语对话和冲突，都直接点燃着我心灵中最深的那种疯狂颤动和失控呼喊。这就是艺术表现的在场与在场观看的双向意会中的欢会神合。

诗歌的在场从来不是文字**对现存的直指**，它的意会意义之出场总是在不是自己的**彼处**，所以在这个意义上，诗总是此-彼关系中的构境，解诗不是读，而是入境。

人如果读一首好诗，听一首经典音乐，观赏一幅名画，都必须先居有特殊的**艺术视境**，才能意会式地看到这些艺术作品中那种非直观的美境和精神性彼在。

我在自己的立体声耳机中听电影音乐大师威廉姆斯制作的电影《艺伎回忆录》（*Memoirs of a Geisha*）原声碟中的《成为艺伎》（*Becoming a Geisha*）一曲。在多音轨录音的模拟场境效果下，你可以清楚地听出，在简短的前奏后，首先是小提琴声部从左侧场境中奏出优美的主旋律，然后，右侧低音提琴部回旋主调，两个弦乐部再以应答式的交替合声将神秘唯美的东方韵味与磅礴壮丽的西方交响乐融贯为一体，构式出惊艳且令人印象深刻的精彩配乐。空灵的长笛从中间音位演奏出忧伤的曲调，然后是日本的打击乐从两侧突现并渐弱隐，再由黑管替代长笛扮演了受凌辱的灵魂的申斥和抗争，乐曲最后在极其丰富的多声位立体场境空间中达到高潮。这是我们在任何一个现场音乐会中都无法听到的音乐意会空间塑形。

艺术的本质基于生活,却以一种超凡于日常经验的"陌生化"(什克洛夫斯基语)方式重新打动人们。文学、舞蹈、绘画和音乐虽然塑形-赋形方式不同,但在我们入境于艺术创造的那一瞬间,我们通过一种特殊的艺术想象力,意会到一种不可直观的深刻人性构序和体知到生命场境存在的深层意义。

15

一个真正的思想家必然会将自己置入一种与当下时代的"断裂和脱节之中"。正是通过这种与常识意识形态的断裂与时代错位，他们才会比其他人更能够感知远去的**乡愁**和把握他们自己时代的隐性本质。

在一个韦伯解构了价值合理性的信仰缺失的现代性中，**上帝并没有死去，他化身为物役性的金钱**！

动物的能力会让其自然实现出来，而人可以**弃让存在和不在场**！所以，人才会拥有动物所没有的真正自由，人类自由的根源正是基于**潜能的弃让深渊**。

在历史学研究中，捕捉到"尚未发生之物"，如同让历史文献中的史实得以被选择和构境的隐性构架；而在文本学中，则是透视出"尚未写出之物"，有如让写作得以实现的隐性话语实践。

哲学并非一种知识性的现成之物，而是一种思的构境活动，所以哲学不能认知性习得，只能重构，真正的哲学家总会是在以往哲学构架的解构废墟中重构自己的思想构境。

福柯的谱系学不是要在追逐起源的意义上简单地找到曾经存在过的存在者的客观原状，而是要现象学式地"回到事物本身"，去考察事物自身的**发生和呈现那个时刻**。我觉得，在这个意义上，谱系学恰恰是历史研究中捕捉**先行发生**的现象学考察。

库恩的范式，实际上是 20 世纪自然**科学理论框架**制约论的一种集中表现。当然，这种科学理论框架不仅仅是指狭义的自然科学的内部结构，而且是一切科学理论在特定历史时期的深层逻辑结构。科学理论框架由一定科学理论的各种相互关联的理论参考坐标系统构成，它不是一些理论定理和抽象原则的总和，而是一种功能性的动态系统结构，并以**特定的互动状态的功能特质网表现出来**。人们总是在一定的理论结构中从事理论认识活动，科学理论框架历史地规定着人们的理论视角，指定认可的经验整理规则，编制各种理论逻辑运行的程序，从而成为支配认知过程的一只巨大的"看不见的手"。库恩将这种看不见的总体科学理论结构表征为科学范式，而在一个科学范式的结构化制约下运作的科学研究活动就被命名为"常规科学研究"。然而当一个旧的范式被一个先前范式不能再与之比肩的新范式所取代的时候，根据库恩的说法，也就发生了一场科学革命。需要说明的是，在库恩那里，科学运动不再是一种渐进式积累，而是一种科学范式向另一个**不可通约的**新的科学范式的整体性转换之发展。从科学的**常规**发展到反常性例外集聚所导引的非常性范式质变，**科学革命说**成为一种新的科学史学观。甚至，它造就了后来拉卡托斯、劳丹一直到费耶阿本德的**后现代**科学观思考之全部理论基础。

在阿甘本看来，装置就是一种**生产（伪）主体化的机器**，它与过去的简单暴力统治的差别，就在于它恰恰是通过制造欲望的装置关系建构起与统治同质的伪主体，从而使人们在伪本真的自由追逐中不知不觉地被治理、无怨无悔地归顺于资本的隐性支配。

虚假的主体化即由装置加载在存在之上的**面具化程序**，你不再是你自己，你会是虚假欲望引导下的网虫、手机控和示威者，你被一个个装置当下建构为一个面具化的角色。

Sein（Being，**是**）作为系动词是没有被物性命名的概念，但它是**存在本身**。按照海德格尔的存在论解读，Sein 总在**是**……之后消失在石化的可见物——存在者对象背后。故而，一部形而上学的历史即遗忘 Sein 之后抽象存在者的物性语言的历史。

由于上帝抛弃了世俗的言辞，所以在**物化话语**之中，没有神启。

这就像通常我们看不到让我们能够看到世界的眼睛本身，挖出来**被对象化看到的**眼球已经不再可能看到。

在今天的布尔乔亚世界中，生存的意义和目的都被颠倒和异化了，语言作为外显的手段替代了目的本身，就像齐美尔所指认的，金钱从交换手段变成了目的，景观原先是让人们看到存在的手段，但现在，它就是存在。粘黏于物，疯狂于景观，金钱成为物神，这意味着**人栖居在了本应走过的桥上**。

影像不是某种实体性的存在，它是**瞬间构境**。你面对水面和镜子，你在场注视，影像瞬间构境生成；你离开，它瞬间消失。

人在占有自己的影像时，将表象这个外在性存在本身变成了想象中的**客观**世界。在这个世界之中，人们倒是逐渐忘记了影像表征背后的内在性存在，由此，所谓真理就是**表象政治**，而这种争夺真理话语权的斗争史则成了历史的本质。

非生命的事物没有脸，脸只是部分高级生物特有的**表现性存在**。

外在的脸并不总是**忠实于**它所显露的内在性。一张堆满笑容的脸背后，很可能内居了一颗痛苦的、破碎的心，而一张阴沉的脸，也可能伪饰了满心的得意。

在培根的实验室和伽利略的望远镜中，我们再也看不到诗人眼中的彩虹和树丛中的小精灵，有的只是确定性的实验数据；古典思想所面对的一与多、知性与感性、人与神的问题，被粗暴地分裂为主体与客观的二元理性知识所替代；经验不再是个体生命在面对死亡时的受难体知，而成了走向理性归纳的通道；希腊哲学和神性的心智不在了，取而代之的是"新的形而上学主体"。总之，在科学的进步中，由于内在经验的丧失，支撑我们生命存在得以发生的"**天地人神**"的统一不见了，幼年时候我们曾经拥有的真正的**想象**不见了。

商品通过影像生产，从实物的效用性转向一种**意向性的介入**，不是你需要不需要一种商品，而是景观会让商品幻象**人序成**你无意识中抹不掉的**本己欲念**。也正是在这里，商品拜物教转换成**景观拜物教**。

景观歪曲甚至遮蔽生产，恰恰是通过操纵集体的知觉并控制社会的记忆与社会之交流，由影像等各种媒体建构起来的景观让你生成**特殊的**看到、听到和触到。景观让你的记忆中只存在影像投射中的景观商品，景观的媒介交流代替了真实的对话，只有景观，一切都转变为景观存在。这就是景观占位。

此可杀之人既被置于人的社会法律的裁判之外，同时又无法成为献祭给神灵的牺牲，成为人之**法律**和**神规**均不适用的**被排除**的牺牲者——**神圣人**。

聆听缺席之在，**体知到不在场**，这是根本。

那种从未被记下，也无法记下的曾经深渊般的在场是永远不能复建的。

在纳粹的集中营中，人已经不再能够正常地死亡，而只是作为尸体被批量生产和制造。在这里，死亡本身的本质沦丧了，这可能是人之生存最根基处的异化。

依阿甘本的看法，悬法的例外状态毕竟是通常的法律之外，它在本质上就是**违法**。资产阶级民主政治中存在着这种**合法的违法**，并且恰恰通过这种违法来支撑自身，这真是一个天大的秘密。

在例外状态之中，法律实际上是不在场的，却被建构出它在场的虚假证明。阴毒的伪境为，这反过来建立起资产阶级政治权力罪犯的**不在场证明**！这恐怕也是鲍德里亚"完美的谋杀"一语的深境。

我们每天要通过的住宅、办公室、商场大门，现在都已经在由一种生物光电计量装置控制了，从那里通过的并不是**人**，而是赤裸生命意义上的身体。

现在的人不是没有面具，反倒是徒增了无数**虚假的**面具。因为今天发疯一样的欲望主体，可以在各种电子游戏中扮演不同的生活角色（色情、杀人、富贵和穿越），在网络交往中获得无数的**故意骗人的**面具（颠倒的性别、不可能的恋情和内在真实心理交流），然而，却没有一副面具或一种生活是真正地属于他们自己的。

西方的政治权力从一开始就是以空无为本的。象征权力的王位上并没有坐着掌权者，而是一个空位！**空王位**，即权力的**不在场**，它意味着西方治理的本质是一种空心的权力机器，看不见王座上的主权者，但这**空无**又是最牢固的权力控制的象征。

16

在常人看来，萨德不过是一个下作的色情狂，作品中
泄露着暴力、变态和畸形色情的秘密，可依福柯的解
释，萨德的东西绝不是写给在现行教化构序体制中的
常人们看的，他通过一种极端的写作方式捕捉了那些
理性规范边缘的无法抵挡之物、不可言说之物、激动、
麻木、销魂、沉默、纯粹的暴力、无语的手势。他使
用的语言充满着毒性，这种语言根本不属于这个功用
世界中已经被规训了的话语，它从内部反对自己，在
自己的内部摧毁自己。

就像现在我们陷在智能手机中久久不能自拔一样，我

们在欲望深层渴求饱满的景观喂养，五彩缤纷的景观已经在存在论的意义上支撑着我们的世界观。可以想象，一旦我们习惯了一早就打开的智能手机突然白屏，我们会陷入怎样的焦虑。"没有网络"，已经是我们今天在存在论上的恐慌。

德波和凯奇的作品都是突然截去景观（图像或者声音）的反音像式的祛序和脱形，此时，**场境存在论上的被喂养性**才在返熵式的缺失（我们无法离开景观的"愤怒"之**伪要**）中呈现出来。

德波的永不工作，不是不工作，而是不再按照资产阶级景观构序的劳作角色去异化式地生存。这是一个**政治祛序**的反抗口号。具体说，这也就是着手改变今天资产阶级世界的日常生活本质，**永不工作**，就是要通过建构充满诗意的革命情境，彻底打碎人们所臣服和认同于的工作—回家—工作所塑形起来的平庸异化生活场境。

在传统的美术创作中，观众在总体性表象作品前有的只是赞叹和不需要动脑子的陶醉，从本质上看，这是一个被动的迷入状态，而新的革命性艺术的"破坏行为"，就是要使所有观众在"震惊"的场境中产生积极的主观能动性。它的直接结果就是：不动脑子，就绝看不懂作品，无脑观众，更无法进入先锋作品建构的革命情境。

一间咖啡馆的建筑空间，并不只是发挥物性的日常生活作用，也具有建构微观心理氛围的心理影响，这恰恰是诗意情境在建筑空间中的延伸。

当资产阶级的统治开始转向休闲时间和日常生活中的

娱乐时，在看起来自由的体育竞赛和电视观看中，人们是感觉不到这种无形的场境存在中资本关系的奴役和压迫的。

从中世纪神学意识形态支配下的戏剧开始，就已经生成了一个戏剧表演和观看的固定构式：演员就是圣灵的肉身，他的表演合体于上帝，而观众虽然在现场看和听，但他们都不会有自己独立的精神人格，所以，除了福音，他们什么都看不见、听不到。依费尔巴哈的批判话语构境，上帝是人的本质异化，那么，这种入神的戏剧神性表演的实质，就是通过现场模拟重复和渲染这种异化关系的神圣化，在这一点上，如同每个礼拜日发生的弥撒和宗教活动一样。阿尔都塞说，宗教是通过日常生活中的物质仪式来建构神圣场境存在的，戏剧也是这种仪式的一种。

让熟知重新变得陌生，让我们对每天看到的东西感到好奇和惊讶，这是一个基本的**自身间离**的方法。其实，布莱希特这里所指认的**陌生化**间距关系，与黑格尔所说的"往往熟知的东西是不理解的"类似，在布莱希特那里，哲学思辨就是使熟知深化到"陌生"的本质透视中。胡塞尔在现象学构式中对"自明性"的证伪构式逻辑也是如此，你在无意识之中的陈见统摄下看到的现成性，与现象学的悬置（加括号）后看到的陌生化关系中的"本质直观"是根本不同的。显然，布莱希特的"陌生化"理论有极深的哲学构境层。

布莱希特的陌生化关系与超现实主义和德波等人的先锋艺术对麻木日常生活的摧毁，在构序方向上是完全一致的，它们都在于使我们每天熟知的东西剥离开来，让它们脱离幻象的伪饰，重新以本己的方式震惊我们，**熟悉重新陌生**本身是一个存在的自我解构和破境。再从批判认识论的构式入境，布莱希特这里提出的陌生化观点，也是构成批判认识论的一个新的构境层。在黑格尔那里从熟知的现象到陌生化的本质的过渡，正是表象与存在的差异性矛盾关系，批判认识论的第一个构式层级是"你看到的并不一定就是真的"，这是缘起康德的"纯粹理性批判"赋形，并由黑格尔从《精神现象学》的唯心主义物像批判就开始的构式。马克思也依循这一批判认识论构式，引入了经济关系物像证伪的拜物教批判，在他那里，批判认识论的基础是现实市场交换中发生的客观关系颠倒，人与人的劳动交换关系颠倒为事物与事物的关系，资产阶级世界中人们熟知的时间就是金钱法则被马克思陌生化为经济拜物教迷入。这是**社会关系认识论和批判认识论**非常重要的深化，也是我们长期严重忽略的认识论领域。布莱希特此处的戏剧陌生化理论构式，恰恰极其深刻地映现了这一批判认识论的本质。德波后来从布莱希特的陌生化理论构式中引申出景观批判的构序方向，其认识论的基础也在于此。从传统认识论的视角，是根本无法理解可见景观的意识形态机制的。这是我们应该认真思考的研究方向。

1952 年发生的两个**极端陌生化**事件：一是德波的字母主义影片《萨德的呐喊》，完全没有引人入胜的画面和音响的白屏和黑屏，是让原先作为景观旁观者的观众陷入前所未有的陌生场境，主动地"愤怒"和"生气"；二是凯奇那个偶然音乐实验中的《4'33″》，完全没有熟悉的琴键敲击的寂静，让被动的听众陷入同样的陌生化恐慌之中，他们会拼命竖起耳朵主动去聆听。其实，阿尔托的"残酷戏剧"、杜尚的《泉》、约恩的眼镜蛇前卫运动中出现的各种"惊艳""祛序"的美术作品，以及其他先锋派艺术实践，可能都要在这种极端陌生化情境下才是可入境的。有所不同的是，布莱希特的陌生化效果，被从戏剧表演的舞台挪移到了更广阔的社会生活和艺术实践的方方面面。塔夫里曾经指认，杜尚、凯奇（"偶然音乐"）等人的另类艺术作品的一个直接目的，就是激发观众的"自由意识"，邀请他们"积极参与解码"。这是深刻的看法。说实话，也是在理解了布莱希特之后，我才算真正进入现代艺术的惊艳式"捣乱"构境之中。另外，还可以旁涉我们熟悉的文本学研究领域。这里布莱希特所说的表演和观看，相当于文本关系中的作者和读者双重视域。现代性的文本学——解释学已经充分注意到这种解读关系的"无限后退"的复杂性，但是由于现代性文本学没有消除**作者与文本的同质性**，用布莱希特的辩证话语来说，就是没有着眼于文本与自身的不一致性（矛盾关系），比如海德格尔那里出现的与他自己真实思想并不一致的表演性文本和表现性文本，这样，解释学历史语境关系中**向文本原初语境**

的逼真性努力就会是虚假的。这是需要我们重新思考的重要文本学深层构境。

上课时，我总会在介绍课程时声明："我不是马克思，也不是海德格尔，所以我所讲的内容并不直接等同于马克思和海德格尔等大师们的思想，只是我自己的学习心得而已。"这本身就是身份的陌生化间距。这种与自身不一致的间距性关系时刻提醒我，决不把自己的看法绝对化和理想化为大师们的本真话语。教学心理场的当下建构，对听课的学生也会产生重要的影响，如同布莱希特眼中的剧场观众，让他们非批判地迷入与让他们在"陌生化关系"中独立思考是完全不一样的。其实，我在撰写论文和著作的时候同样如此，我决不会把自己阐释其他思想家文本的东西看作他人本真性的话语，这当然是我所理解的马克思、列宁、海德格尔和福柯，这是保证自己的独立性和批判性最重要的条件。

一般情况下，我会在开始上课的时候告诉听课的同学不要把注意力放在记笔记上，而要把精力集中在与老师的同步思考上。把老师的讲解记下来然后在考试的时候还给老师，最终什么都没有得到，而在上课的时候，注意老师提出问题、分析问题、解决问题的方法，不把老师讲的东西视作绝对正确的东西，这样，才会得到属于自己的思考能力。这也是一种"观众陌生化"在教学中的体现。

舞台艺术的本质，从来都不可能只是生活的简单再现，而是一个众多艺术家通过不同的表演场境存在进行的艺术重构。舞台艺术超出生活的地方也在于此，一个生活场景被舞台空间中的灯光、特殊背景、音响和音乐共同建构起一个特定的表演场境存在。

无论是达达主义、超现实主义还是字母主义，用祛序导致的混乱来反抗资产阶级的市场无序统治都是一种苍白无力的表现。因为，用行为艺术制造的主观情绪混乱来反对看起来无序的商品-市场交换关系的支配是根本无效的。

一个生存于资本主义制度中的先锋派的艺术家，无论他再如何前卫地"捣乱"，都无法逃离资产阶级的社会基础。一个知识分子的社会本质，并不取决于他的出身或者如何声称自己的立场，而只能由他在现实资产阶级世界中的实际关系位置和客观发生的作用决定。这是马克思那个"人的本质在其现实性上是一切社会关系的总和"的具体化。

人的生存并不仅仅是一种基于肉身存活的"吃喝穿住"的物质转化过程，而是各种意外发生的个人事件，这种事件的本质是当下突现的关系情境，当下发生，随即消失。镜像式的认知理论是无法再现突现发生和消失的当下社会关系建构和生活场境的。

德波的深刻之处，在于他体验到当代资产阶级消费意识形态的控制的秘密，恰恰是类似亚里士多德传统戏剧中的表演把戏，只是这里的编剧换成了资本家，演员是各种各样的商品展示和广告表演，无处不在的欲望制造影像使消费者成为无脑的受动者，种种有脸无脸的大他者（成功人士）的欲望（别墅、豪车和名牌奢侈品），成为平庸日常生活场境中常人们的内心渴求，在景观布展中，消费者像无脑观众一样完全迷入其中，成为资本任意摆布的奴隶。由此，景观拜物教和资产阶级新的消费意识形态的无脸统治之阴毒，全然暴露在解构与祛序视域之中。

情境建构，正是针对资产阶级的景观控制的革命性反叛。依德波的具体说明，这也正好是布莱希特解构传统戏剧观的"辩证史诗戏剧"的革命本质——陌生化的运用。演员的自我间距性的陌生化表演，这里成了情境主义国际革命艺术家们的集体变革活动，这些革命情境建构（漂移和异轨等）都是在唤醒景观迷入中的消费者（被动的"观众"）和平庸日常生活中的苟生者，"通过激发其彻底改革自己生活能力的方式"，走出景观的同质性奴役和"心理认同"。具体说，就是要把生活本身通过"陌生化"变成"诗意的瞬间"，穿透消费意识形态(商品展示和广告制造的虚假欲望)中的异化消费幻象，反对资产阶级都市主义的空间布展，找到自己真正的内在需求，在日常生活场境中体验生命本真的诗意瞬间，这就是情境建构的本质。

被资本殖民和组织起来的日常生活场境的本质，是属于你自己存在本质的自由时间的缺失，因为，看起来轻松愉快的日常生活的每一个动作和瞬间都是由资本操控的消费意识形态支配的。你早上起来刷牙洗脸使用的牙膏、洗面奶，都是广告告知的品牌；早餐所吃的食品，都是科学配方中极富营养且有精确合理比例结构的东西；你下班去超市购买东西，在货架上伸手选取的每一个消费品，都是知名的商品；然后，你按照"最科学的方式"入睡。你在日常生活中的看起来像是自由时间中的所有选择关系，以及由此塑形起来的场境瞬间，都是被自己无意识中内嵌的资本殖民者隐性支配的。

无数的广告对我们无意识的隐性塑形和支配，这是今天每时每刻和随时随地都在发生的事情。在户外的高速公路上，在地铁的把手上，在电梯间三面不能打开的墙上，在我们最爱的追剧的揪心时刻，在所有目光和耳朵能生成统觉的瞬间，五彩缤纷的景观如同中世纪教会让人们相信上帝存在一样，把我们下意识中的欲望制造和挑逗起来，以便在我们从超市货架上下意识拿某种知名商品时发生隐秘的操控作用。

美国高速公路上麦当劳汽车餐厅的订餐—付账—取餐轮轴式快速构式,会使我们的生活质性悄悄地获得"麦当劳化"（McDonaldization，里茨尔语）的快餐式的异化场境氛围。在这个异化场境中，我们的生活会在**标准化和简约加速**的情境中失去差异化的质性，这是我们意识不到的可怕真相。

当消费者走进满是商品的拱廊街和商业中心的建筑群中时，这就生成一个巨型的欲望之镜。按拉康的他者镜像反指关系，它诱惑你不得不按照这一资产阶级建筑意识形态的暗示进行无思的消费。这种虚假的消费异化场境的突现，是一个人意志不能左右的强暴性格式塔氛围。即便你没有钱消费，但也进入这种让日常生活变得灰头土脸的**超级真实伪境**之中，光亮的奢侈品作为无法获得的欲望对象（拉康的对象 *a*）变得无比强大，它会成为苟生者每天对着流哈喇子的梦想。

你从低矮的旧房中搬进了高层建筑，过上了幸福的栖居生活，可是与过去平房院落的邻里关系不同，城市的高楼大厦恰恰阻断了人与人的亲密关联，同一幢大楼的住户天天在相同的电梯中相遇却不相识是经常发生的事情。

今天在日常生活中围绕在人的周围的场境，无论是待在住房和商店中，还是乘坐高铁和飞机，包括我们不上班时在家中面对电视和在电影院中看电影时，每一个微观情境都是由资产阶级景观意识形态隐性控制和支配的，它最终都只有一个"隐匿的上帝"，即金钱。

革命情境建构中的"生命风格"，将彻底打碎资本逻辑的商业法则，特别是围绕资本获得而建立起来的微观生活氛围，重新建立一个自由创造的游戏瞬间。

建筑师只是在通过材料塑形房屋和构筑道路，但无形中生成的**建筑空间中的行动功能句法**，却时时在人们的生活中生成一种看不见的客观场境氛围和特殊的主观心理构境。恰恰是这种随着日常生活场境发生建构起来的无形氛围，当下构筑起特定的生活方式。

创造一个建筑意味着建构一种氛围，并且固定一种生活模式。这就是**物性景观**生产和控制的场境存在的秘密。咖啡店作为一幢建筑，它虽然向消费者提供物性的可见咖啡等饮品，但它更重要的存在功能不是喝咖啡，而是建立一种人们相互心理交流的构境空间。

资本主义现代城市中的商业中心和摩天大楼里，除去可见的资产阶级必须进行的经济活动之外，建筑空间的重要作用，就是在客观场境存在中同时布展意识形态的主观心理格式塔。你在走进一线品牌商店时，买东西往往是次要的，真正发生作用的是资产阶级消费意识形态所需要的欲望生产，它直接表现为对奢侈品背后"幸福生活"的无穷羡慕伪境。

与动物的自由玩耍不同，作为人的本质存在属性，放松身心的游戏也是一种负熵的构序过程。但与通常社会生活中的构序和构式不同，游戏的负熵是人自由的创造性场境活动，游戏的本质是一种自由生命释放的诗意情境。所以，它可以通过游戏中非功利的活动实现一种暂时的、有限的完美，打破世俗功利的竞争秩序。

在我的场境-构境理论中，最先发生于孩子们那里的游戏也是圣性事物，因为儿童游戏恰恰是对场境存在的模拟，玩具是现实生活的替代，儿童游戏是在功利的成人价值逻辑构式之前对场境存在和主观构境的"干净"尝试，孩子们的游戏天地是充满天真和神性的。然而，在我们的整个生活进入商品-市场交换构式后，给孩子设定的游戏已经出现了"大富翁""挖宝"游戏，甚至市场上出现了收银台和微型小超市的玩具，这是资产阶级意识形态对儿童世界的可怕入侵。

游戏的构序并不对象化为客观存在的实际改变，这种主体活动不像劳动生产或资本主义条件下的经济活动，它没有任何物性的实得，却在一种自由的创造性场境活动和非支配的主体际关系中，让人的存在面向神性。这是因为，暂时建立的纯粹游戏构序和主体际关系消除了交换价值，实现了人对人的真诚和直接关联，达及了生活本身的本真共在意义。

资产阶级的商品-市场经济规则对金钱的态度是非游戏性的，钱比命重要。所以，在法理性的经济交换中，客观发生的一切都不能反复无常和开玩笑，唯利是图关系背后将会是法律制裁和监狱的阴影，并且，资产阶级已经成功地将这种"可消费物的专政"渗透到日常生活的所有层次，也就是说，清除了一切游戏性的生命细节，以至于在心跳之前也要拿出来变卖一下再跳（赫斯语）。

在游戏状态中，资产阶级制造的经济交换原则和事物化的拜物教魔咒失效了。每天沉浸于巨大的经济怪物构序起来的花花绿绿的商品和财富世界，所有人都被锚定在物性的占有关系之中，人的劳作是依资本赚钱节奏发生的异化场境。而当人们进入游戏关系中的"临时和自由的领域"时，也就会彻底摆脱景观制造的商业场境和拜物教心理构境的支配，在一种非及物、非占有的人与自然和人与人的关系情境中，建构人的全面发展中的"真正的生活"。

在资产阶级的商品市场王国中，人从一早起来就开始算计物，在"他人对我即地狱"的信条中，梦想在商业交换链中，大鱼吃小鱼式地从底层拼到高层，从一无所有赚到做亿万富翁。金钱的逻辑构式是**经济动物式**的厮杀。

在通常的节日和狂欢场境中，日常生活也是被突然中断的；在人与人的关系中，等级结构和权威关系也会在狂欢活动情境中被中止。

当代资本主义科技发展和物质生产力水平提高后，出现了人们拥有大量闲暇时间的新情况。然而，闲暇时间迅速被资产阶级所控制，大量的时间被资产阶级用电视、电影和其他商业景观编织起来的意识形态构式和塑形，即便人们外出旅游，也是按照资本的商业路线和消费法则填充起来的。闲暇时间已经成为景观意识形态麻醉人的异化场境和"无聊的时刻"。

电子游戏制造了一个与现实世界完全不同的虚幻场境存在，它通过虚假的欲望满足（杀戮、挖金和色情），使玩家沉浸入一种麻木的异化场境，从而更好地臣服于资产阶级的现实统治。

情境主义国际的漂移的流动场境和转场本质，本身就在于打破主体在场的金钱构式凝固性的心理地理学革命，也是日常生活微观革命中让商业法则失效的挑战性游戏。

从游牧过渡到农耕自然经济，人类生活从**自由的游走状态**进入了在土地上的凝固化定居，虽然资产阶级用工业生产创造的不定产（货币-资本关系）的流动性，打破了宗法关系的不变生活场境结构，但是又用商品-市场的法则使人的生活成为逃脱不了的无形金钱牢笼，所有日常生活中的场境存在都异化为经济动物的谋生伪境。看起来，在资本主义社会中生活的人，可以成为乘坐飞机的空中飞人，驾驶轮船和汽车的海上和地上的快速移动者，但这种移动都是为了获得金钱和花掉金钱，始终逃不出经济价值铸成的凝固性效用锁链。无论到哪儿，人的生命存在都颠倒为时间就是金钱。

人的生活空间应该是有质性的存在，可是在资产阶级的金钱"编码"的世界中，存在被可计量的集合化的效用所赋形。人们每天早上起来去上班打工，晚上回家吃饭睡觉，都是作为劳动力的再生产过程，量化时间就是金钱，抽象的点线空间就是财富，人不过是"为资本主义和工业发展服务"的抽象理性统治下的没有质性存在的经济动物。在当代资本主义社会中，人们活着只是为了追逐商品的购进和遗弃，生命本身被抽象为一种无尽的消费之流，用情境主义者的话来判定，这是资产阶级世界创造出来的新的"生活的集中营组织"。德波等人的情境主义式的漂移游戏，就是要打破这种经济枷锁中的微观劳作和日常生活氛围，他们决不在一个量化的时间和抽象的点线空间中过一种**凝固化的经济劳作的日常生活**。所以，德波的那个"永不工作"的口号正是他们的革命旗帜。

漂移，其实就是一种现代的游牧方式，只是，它不再是古代游牧民族游荡在原野上，而是刻意追逐有质性场境空间的革命艺术家们在不同的城市或一个城市不同的区域之间移动：在人与物的关系和人与人的关系上，是不断的非功利的偶遇；在生活情趣和主观心理上，是创造新的充满诗意的革命情境。作为心理地理学的实验，它的意义在于表现为一种打破经济目的论的毫无目的的穿行和移动。它像电影蒙太奇一般，让资产阶级平庸的日常生活场境断裂在不同的环境之间快速通过，由此，使漂移者感受到不同于金钱逻辑的全新空间感受和游戏般的自由情感，彻底打碎资产阶级的商品–市场逻辑和消费意识形态景观空间。

德波的异轨的**反解释学**特征为，它不仅拒斥神学教义的原教旨主义，而且也不是现代性哲学解释学中对作者原文的复杂解释和读者对原始构境的逼真还原，异轨的出发点已经是超越性的"进步"。在这一点上，它甚至比后来巴特"生产性"的后现代文本学更加激进。

异轨的本质，在于对一种历史文本内在的话语和词语的"抄袭"和故意挪用，所以，异轨是一个当下话语生产与经典文本之间的差异性关系范畴，由此，异轨后的话语构境会是一个**诗意的此–彼之间的复杂转喻构式**：此文本的塑形外壳是彼。但彼的构序和赋形实质内容已经不再存在，此在彼中生成全新的构境。

在神学语境中，我们引述神的福音，目的是让上帝的光照耀存在；在教条主义的意识形态中，大段地援引经典文本，是拉着虎皮当大旗式地为自己壮胆；而异轨的革命性在于切割大他者式的文本，让文本为创造性服务。

在德波看来，当人们在看电影电视、听广播、阅读文本时，景观总是以吸引人的图像、声音、复杂叙事情境和现场塑形的诱惑享乐，紧紧抓住观众、听众和消费者，以建构起一个无意识层面上被感动、被吸引和被诱惑的主观伪构境以及建构日常生活的伪场境共在，这是景观的**存在论层面**。

景观是丰裕的商品世界中害人的鸦片，这是一个十分贴切的比喻。与人们又爱又恨的金钱等于财富的直观强暴不同，景观的本事是让所有人陷入不能自己的疯狂迷恋中，就像人们上瘾于鸦片一样，云里雾里、醉死其中而不可自拔。

今天的历史现实中人们生活的场境存在是被景观颠倒地重构的伪境，所有人的日常生活甚至是革命性的活动，都被景观机器所过滤，通过电影、电视和广播，铺天盖地的文字和影像广告，以及身边无法逃脱的城市关系空间，**罐装的**景观意识形态反复洗脑，我们的一切主观意识和现实存在都成了权力谎言的塑形物。

被景观支配的观众（消费者）也处于不干涉的无思状态之中，面对让我们追逐幸福生活的广告式牧领（人们最喜欢的影星和歌手举着数码相机说："改变你的世界"），在一部让我们感动地落泪的电影场境中，在送到我们的智能手机和网页上的贴心推送中，人们是很难在这种他性伪构境和实际的消费伪场境存在中说"不"的。

现代资产阶级世界中苟生的人，活着就是为了买得起别墅、不断更换高档轿车和奢侈品。这样，景观将生产变成了制造**消费品死尸**的过程。

景观制造了无脸他者的欲望，通过广告和其他景观使消费者生成**相互羡慕的伪构境和伪关系场境中的相互景观化**。这就是景观关系中人与人之间的**伪交往**。

景观所建构的伪境在场，就是存在本身的被剥夺：人不再直接生活，景观伪构境让你在日常生活的疯狂购物中苟生；主体际不再直接面对，而是消费者们和粉丝们在景观中介下生成常人间的伪交往；人们不再自己创造历史，而是景观幻象制造伪历史。

17

原来，我们会用井底之蛙来嘲讽那些看不见更大世界的目光短浅之人，可是，如果今天让我们从洞穴影像回望到无比宏大和复杂的光亮世界，那就是由无脸景观制造出来的奇妙幻象，跳出直接的井底，就是重新坠入那种数字化赋形的超真实取代现实存在时挖掘的无形深渊，知道《资本论》的我们，仍然是爬不出去的。

很多年之前，列宁在《伯尔尼笔记》中曾经将唯心主义比作有着纤细根茎的娇艳花朵，片面而深刻。有时，我们可能真的需要一些工具理性之外的主观诗性觉识。恐怕，在诗境中，我们才会直觉到自己是否像个人一样活着。**重新学会感动**，有时，比观点正确更重要。

放荡不羁的波希米亚艺术精神，是对在资本主义日常生活中占主导地位的精致的利己主义的小布尔乔亚精神的代替。

每天生成人们生活氛围的建筑物、广场和道路等物性设施，发挥着过去封建君主的可见暴力的场境关系作用，只是这个无形的场境统治不再血腥，而是文雅治安。

人的日常生活被无形地转换成"一桩生意"，都市主义按照资本的构序逻辑将生活中的居室、街道和建筑都塑形成走向金钱的通道。这些关系人的生命和空间存在的建筑像工厂一样被管理起来，资产阶级的权力则像毛细血管般渗透和赋形于日常生活的细节中。

瓦纳格姆发明的苟生概念，其实是对达达主义、超现实主义和字母主义等先锋艺术思潮所致力否定的那种**麻木现实生活**的概括和抽象，也是对列斐伏尔对资产阶级平庸的日常生活的描写的诗化改写。转换到海德格尔的话语，苟生即此在去在世后的沉沦，而苟生者则是那个无脸的**常人**。有所不同的是，苟生作为生存的异化状态，它的**未被异化的价值悬设**是人的真实生命的诗意涌动——"**活着**"（vivre）。这是诗人自己的发明了。这个活着，会接近德波已经察觉到的尼采"酒神精神"中的生命原欲，当然，也是情境主义国际那个革命的情境建构。在当代资本主义社会中，**应该像人一样地活着的人**异化为**景观控制下的平庸的苟生者**，于是，**活着与苟生的辩证法**，就是《日常生活的革命》一书中具有批判张力的人本学辩证法逻辑构境的主线了。

异化被平庸化，这是一个离奇的说法。在诗人的诗性构境中，异化本身是一个坏东西，但在价值悬设构式中，它显现为一种本真人性的悲壮沉沦。可是，在今天的官僚资本主义世界中，这种原先可以直观的血淋淋的贫困伤口，被福利政策下的"美好生活"的拉链缝合起来了，异化失去了可以叹息的悲壮外观，在富足的日常生活中，异化被微不足道的小伤害平庸化了。

苟生是日常生活中看不见的毛细血管式的异化，它不像马克思所揭露的资本家直接盘剥工人剩余价值的无偿占有，而是细水长流式的生活场境盘剥。通常，这种场境存在中的异化生活塑形是无痛感的。

苟生的存在是由景观构式和塑形的伪场境存在，人在日常生活中的存在时空是景观赋形的虚幻时空，景观让你知道、让你看到和摸到，你所追逐的生活目标都是**景观他者的欲望**，一切消费品被疯狂购进和扔掉，都是景观中**时尚生死**的时间和空间。这必然构序出人在苟生伪境中的"客观无力"，所谓客观无力就是没有自己的真正选择，因为你自以为是的选择是被景观控制和无形赋形的。你看起来非常自由，但这种自由情境是由景观巧妙背后构式的伪场境存在。

与马克思的时代不同，今天的资产阶级日常生活异化不再表现为工人在经济条件上的可见物性缺失，而恰恰是在景观的隐性支配下，通过虚假的欲望制造和引诱，被迫地拥有根本不是真实需要的消费物。这种虚假的消费拥有，是一个填不满的黑洞。

伪我的双脚走在自我的前面，我以为不断跳跃的双脚在走向自我，可是这种无用的跳跃却偷走了自我的真实在场，在一种错位的心理景致中，伪我在场则自我缺席。

打倒上帝的**人–神颠倒关系**，正是以一种新的**人–物颠倒关系**为代价的。

在资产阶级新生成的消费社会中，单一的"自由主义"被碎片化为千千万万种意识形态的碎片，这些不是宏大叙事的小故事不过是新型的**脑浆搅拌机**。

资产阶级新型的社会控制方式是大力地鼓励消费，传统的自由、平等、博爱的意识形态幻觉，被更快节奏的"买、买、买"的变易生存中的消费意识形态幻觉所分解。在这种不断翻新和改变的小玩意儿和快餐式商品的购买中，苟生人在追逐"幸福生活"的无尽买进—扔掉的虚无苟生中，无意识地臣服于资本。同时，他们相遇却不相识，只是在同一品牌的流行商品抢购和炫耀性消费中构序出苟生的共在，仍然处于相互的隔膜和孤独的新型生命政治的治安认同之中。

在消费意识形态建构起来的景观图像群中，无处无时不在的广告铺天盖地地在场，这种根本不是针对人的主体意识的伪欲望引诱，以明星艺人和运动健将的耀眼出场为想象性补偿，将幻觉建构在人的无意识结构之中。

在资产阶级景观故意制造出来的各种他者欲望的无形诱惑和隐性操纵中，日常生活苟生中的人都在发疯一样追逐自己的"成功"和幸福生活，从而在孤独的平庸苟生中慢慢地流血、在甜蜜而麻木的窒息中死去。

在当代资产阶级的社会统治中，欺凌的诡计不再像奴隶主的有脸专横，而是分解成日常生活细节中的无感束缚，有如各种生意场的套路，支配本身伪饰成了生活中必须获取的能量，有如使尽手段拿到订单，想方设法讨好上司的"能力"。

在存在论的构境层中，苟生人的生存关系始终是在世于羡慕他者的欲望之中，**我羡慕故我在**。用拉康的逻辑构式来说，羡慕即**伪我要**的在场，羡慕在则真我不在。

当人的日常生活被**羡慕和盲目追逐**这些物所支配，人在物化的苟生中就陷得越来越深。然而，最可怕的是，所有陷入追逐他者欲望的苟生者都无法意识到这种物构序人的生命，人变为物性存在的屈辱。

人从孩童时代一直到走入社会，所有非我的他性关系强制，都是通过随处可见的生存场境悄悄地塑形和构式的。刚一懂事，孩子就会从身边的生活场境中，知晓金钱的重要性；通过间接的语言符号关系，人们开始知道布尔乔亚世界顶尖上财富与地位的显赫标识，并将其作为自己欲望的对象。关键的问题是，所有处于欲望着他者欲望的人，并不会意识到这种他性苟生中的奴役。

日常生活铸成的苟生笼子的门是始终打开的，其实，它根本没有门，因为这个笼子同样是无形的伪性场境存在。所有在资产阶级日常生活中苟生的人，都会被他者的欲望所驱动，金钱财富和权势地位正是编织苟生之笼的经纬。苟生的人在追逐这些物性对象的时候，不仅不会感觉到压迫，反而会炫耀自己所获得的物性对象，被物奴役得更深更牢，与笼子中悄悄发生着的"我羡慕故我在"中的攀比性较劲。你买1克拉的钻戒，我就买10克拉的；你住上了联排别墅，我就住独幢：这是一个永无止境的欲望链和异化生存场境。可悲的是，人们不会在成为物的奴隶的时候，知道自己已经在景观的风月幻境中甜蜜地慢慢死去。

今天资产阶级世界中真正可怕的东西，并不是过去黑暗年代中那种可见的死亡，而是每天生活中发生的不知痛苦的苟活。这是**只有自己有问题**的焦虑中的**不死之死**，碎片化的无痛感的痛苦。

瓦纳格姆说，**暴政只转了一下手**，这是极其深刻和精彩的一句话。推翻了外部专制的资产阶级，只是将直接的压迫和奴役改变成不可见的温柔绳索。如果说，在马克思的那个时代，这种不可见的绳索是**饥饿的皮鞭**，那么今天的资产阶级世界则是将**追逐幸福的分期付款的悬空肥肉**作为绳索的伴侣。

资产阶级世界是一个数量成为统治的王国，正是商品交换决定了存在的量化，而这种**量化存在是毛细血管般碎片化权力的强制对象**。量化和"可操作性"，是资产阶级做事的前提。

在资产阶级制造的电子信息爆炸中，人们始终处于无所适从的价值悬置状态，当什么消息都是对的时，则没有对错好坏。这样，你只需要疯狂地购买，只需要在智能手机上麻木地听到、看到，这就行了。这时，你已经无意识地臣服于资产阶级的景观构序和消费意识形态。

远古人类生活，依存于图腾中的抽象物神；中世纪神性的上帝和魔鬼的空灵抽象符码，支配着那时人们的现实生活。在人类社会生活发展的历史进程中，**抽象经常统治着现实**，这是大多数唯心主义观念得以存在的现实社会基础。如果说，在黑暗的中世纪，从"多"到"一"的形而上学抽象，化身为偶像式的绝对本质抽象统治世界，这就是一元论宗教神灵的秘密，那么，在资产阶级的商品-市场王国中，上帝则变身为"形而上学形式"中的商品-货币-资本的关系抽象。

当金钱、景观和消费这些抽象的中介取代日常生活本身的真实经验时，人们的生命存在本身成为"石珊瑚"般的物化对象，有如形形色色的奢侈消费品、豪车和别墅。然而，当生命物化为物的时候，资产阶级日常生活中人的苟活就会是活着的死亡面孔。

在传统的神性统治之下，信徒们将生命献祭于上帝，而今天，人们则献身于可炫耀的消费物，人的存在颠倒地表现为手指头粗的金项链、钻石和跑车。

苟生之人看起来是活着的，但真实的生命已经死去，因为苟生之人只为消费品的物性在场而"奋斗"。为了掩盖苟生人的这种活死人状态，资产阶级只能让其"买、买、买"，这是为尸体不直接腐烂打开的冷气。

在专制暴力背后，人们可以直观到帝王和权贵们的无耻嘴脸，而在今天的资产阶级景观背后，是看不见有脸的压迫者的。这正是资产阶级景观意识形态的高明之处。

资产阶级景观意识形态的**影子化**背后，最根本的构式逻辑是韦伯所指认的**从价值合理性向形式合理性的格式塔转换**。这一"价值中立"的**形式存在论**，实现为资产阶级法律形式上平等（实质上不平等）、经济交易公开形式上公平（实际上无偿占有）、社会生活形式上自由（本质上是资本的自由和无钱的不自由）系统的假象。景观再伪饰这种假象关系系统的影子化，已经是资产阶级造假系统的二次方了。

中世纪专制的神话故事是通过有质性的玛丽亚和耶稣的形象来打动信众的，而资产阶级的景观则是永远新鲜的欲望对象和可无限复印的碎片式流动影像，光耀的明星永远是过气他人"尸骨"上不断涌现的鲜亮面孔，广告是让我们怎样生活的流行口号的生产天堂，这是我们不难体会到的现象。在我们的身旁，现在让人心生向往的智能手机和名牌包，不久就会是无人问津的旧物；无数今天亮相广告的运动健将和影视明星，明天就可能消失得无影无踪；舞台上"小鲜肉"脸上出现皱纹，马上就会被新的后辈抬走"尸首"。

作为景观意识形态的电影和电视并不直接宣教和撒谎，它通过无法摆脱控制的"目光的学校"讲故事，它的迷人手段是高超的表演艺术和剪辑蒙太奇，制造苟生的催泪剧情，那些虚构的人物通过细微的"一颦一笑"和"一举一动"，让资产阶级编好的虚假欲望和异化消费控制变成无法察觉的"微妙印象"，精妙地异轨为你的情感，深深植入你的欲望。

苟生人的异化式的角色模板并非像专制社会中一样由一种外部的力量强迫你去做什么，而是轻松地由景观通过贴心的"职场经验"、厚黑的"官场权术"、辉煌的"成功秘诀"书籍、影视作品和广告中他者的欲望制造等方式，细节化地赋形和锚定人们的苟生。

景观是浮在表象中的诱惑，模板通过他者的欲望引诱苟生的人进入异化的角色，异化的姿势重复维系着角色提供的等级化异化位置。

幸福快乐地安于角色关系，是资产阶级发明**治安**统治的秘密。

真正的我死于苟生，角色却堂皇地苟生着。

当一个人在一个模板式的角色扮演中获得成功时，他就又有了一个资本奖励的权力碎片，哪怕这个角色只是一个小老板、一个部门经理、一个业务主管。

与封建专制下的暴力不同，资产阶级的统治和压迫并没有造成直接的痛苦。对社会底层的被压迫和被剥削者而言，在这个看起来公平正义的世界中，自己却沦落为底层的奴隶。他们想不清楚的事情是，在明明不合理的社会中却什么都是合法的，什么都是对的，错的只是自己，这是**现代性焦虑**的根本缘起。

资产阶级通过景观意识形态的脑浆搅拌，让苟生人觉得，人生的奋斗目标，就是能买得起越来越多的消费品，占据更多的异化角色，这就是"成功人士"梦想成真的幸福。其实，这只是一种异化苟生中的平庸日常生活的假象，人不再拥有自己真实的需求，而是追逐景观通过广告生产出来的他者的欲望；人不再是自己的真实生存，而是作为不断占有更多消费物的异化在场；人不再知道体验自己真实生命的价值，而是炫耀性展示占有的物品和地位。我们想一下那些一身名牌服饰、背着名牌包、开着豪车招摇过市的"阔人"，实际上，这已经不再是人，而是**消费品的人格化**，此在**不在**，而**物化人疯狂于世**。

你内心空无一物，却用手指粗的金项链来表征自己的富有，你在生存意义上一无所有，却用高档汽车和别墅来填补，这样，你既掩饰了自己的内心败坏，又向他人展现了苟生中的虚假幸福快乐。

资产阶级刻意制造出来的**流行时尚**告诉你，什么是应该立刻占有的东西。这个"应该"是景观意识形态的核心。当然，这个"应该"并非人自己的本真性存在意义上的价值悬设，而是由景观意识形态刻意制造出来的**消费存在论构境**中的流行。这个存在论中的流行，即无脑状态中的"大家都"。在这个"大家都"的强暴性构式中，当所有人都追逐的东西，你却不能拥有时，你就出局于时尚场境。一句"你 out 了！"则是消费存在论的判决。

买了不久的小轿车明明可以使用，但景观告诉你应该换 SUV 了；衣服明明可以穿，但流行时尚告诉你，应该换最时兴的时装了；电视和微信上刚刚推送的"新知识"和生活小窍门你还没有彻底学会，景观已经宣布它们过时了；买回家没有多长时间的小玩意儿（智能手机、iPad 或者无人机），明天商场和网店中就有替代它们的东西。苟生之人永远疯狂地奔跑在追逐碎片般变化的景观泡沫之中，这是一种没有真正未来的生命耗费。

每一个扮演异化角色的人，都会在疯狂于异化关系和消费品的占有中失去自己对真实活着的体验，你不再作为人面对不同于动物的生命存在，这当然是人所无法承受的天大的苦难，角色和物在而人不在，人将处于极度的孤独之中。可是，角色中与众不同的孤立是资产阶级消费社会有组织的策划，此时，数钱与拥有大量消费品就作为一种补偿，它会像烧酒一样使苟生的人兴奋，他们会展示财物，将它们排列出来供众人观看。炫耀比别人拥有的物更贵更多，会成为苟生人幸福幻象的虚假支撑。现在，我们可以在短视频平台上看到这些物性显摆和炫耀性展示。

资本主义的精神本质是以形式合理性为核心的工具理性，整个资产阶级社会的结构必然显现为人之外运转的机械装置。专家是一群**没有灵魂的工程师**，构成这台巨大机器上的固化齿轮和无脑的螺丝钉，专家代表着科学知识的价值中立和客观公正，专家是科学的肉身，这是一个最容易骗人的景观角色。所以，专家的意见会构序起苟生人日常生活的准则，然而，在资产阶级这部无脸的统治机器中，没有人真实地活着，只有非主观的物性构序和鬼魂般出没的苟生幽灵。

今天资产阶级社会控制的构式就是一个专家系统，专家既是商品生产和消费技术的设计者，也是景观表象的生产者，资产阶级世界没有哪一个构件不是科学技术和知识构式塑形起来的。专家手中掌握的是没有价值判断的无罪的自然科学，作为没有灵魂的工程师，他们所建构的资本主义社会定在中，资产阶级永远有不在犯罪现场的证据，科学管理下的社会生活总是合理合法的，一切问题均在于被统治者自己的愚蠢。

一个普通人的姓名，通过耀眼的电视光环放大和网络媒体的反复炒作，会一夜之间爆燃成一个家喻户晓的明星的姓名；画家在二流小报上反复刊登自己那些平庸的作品，当他们的名字被这种反复性制造成名人时，那些画作就可以卖出天价。

资产阶级革命的伟大是借来的伟大，启蒙之光仍然是新型洞穴生活中的壁上幻影，仍然是原先自然力量、神灵的力量和封建专制统治解构后的一个权力阴影，因为，资产阶级并不真的反对权力，只是将可见的统治变成了看不见的景观控制和消费碎片中的支配，这是一种杀不死的权力。如果说，早期资本主义的统治是从可见的皮鞭变成了饥饿的皮鞭，那么今天的资产阶级统治则是进一步将暴力从可见的强制转换为消费诱惑中的支配，把皮鞭下的奴隶变成了跟随时尚疯狂购物的可怜爬虫。

从新人本主义的克尔凯郭尔和疯子尼采到文艺畸形杀手萨德，从悲情诗人马尔多罗、马拉美到先锋的达达主义，这些与资产阶级世界格格不入的另类文化反抗，应该都会是对景观控制的视角颠倒。

看起来荒谬的达达主义行为，其实是对现实资产阶级世界腐败的自觉批判，只是这种批判采取了反讽和黑色幽默的方式。在这一点上，达达主义内含着超越虚无主义的革命可能。

真正的生命存在瞬间恰恰是**无名的快乐**，每个人真实地活着恰恰是无法命名的。当一个人摆脱一切外部的控制和支配，从内心里建构属于自己的生命跃动瞬间时，这种本己的诗意存在是不可能被词语符码体系命名的。

过去天国里上帝的权力就像一个垂直关系中高高在上的锐角，帝王贵族的权威，都是一眼可以看穿的直接暴力，而资产阶级市场经济中的隐性权力，则是一个由金钱从高贵至上"下流"降至角度拉平为直线、点线合一的融合夷平关系。齐美尔曾经在《货币哲学》一书中讨论过这种经济**夷平化**过程。权力不再是你之外可见的力量，它就是你所喜爱的金钱和可消费物，你的劳作就是建构权力的无名角色，你每天的苟生正是资产阶级隐性权力的实现。

你有创造性，有学识或艺术才华，但如果这些创造性不能按照资产阶级的景观规范去表现自我，你的创造性成果不能实现为景观所指认的欲望对象和金钱，那是没有任何用处的。这恐怕是在资产阶级世界中，一切创造性都只能被幽禁在苟生之中的根本原因。你再聪明，再有天赋，**如果你不会变卖自己**，那么将一事无成。所以，这将是一个**诗人必死**的时代！

资产阶级法权的核心，其实是**活该性**（serve right）。这个活该性，是我对韦伯资本主义精神的通俗表征。这是每个活在资产阶级世界中的人一句不断重复的旁白和心里话。因为，与专制社会中的强迫性的奴役不同，市场交换中的被剥削，法制关系中的政治压迫，景观意识形态中的被支配，表面看起来都是自愿的。今天它最经常出现的地方是证券公司门口贴着的公告："股市有风险，入市需谨慎。"如果你赔光从七大姑八大姨那儿借来的全部钱，那么活该！在那些推销低劣保健品的广告最后，都有一句小声的嘟囔："本品不能代替药品！"你如果高价吃了这些东西对身体无益，那么活该！

在中世纪的沙漏中，颠来倒去，循环往复，"贱民"的生命总是如同一堆无价值的沙子；而现代性的钟表嘀嗒声，则意味着物性异化的不归途上的永不回头。

苟生人不知道，各种一线品牌奢侈品、数码相机、智能手机和高档汽车的更新换代，是资本增殖的必然需求，资产阶级操控的景观权力的望远镜让你看到的"展望式远景"其实都是即刻死亡的东西，你一旦占有，它就死亡，因为抬它尸体的更新的消费品已经在门口了。在消费意识形态的景观世界中，时尚物品的抬尸者就是下一个死者，而**新的抬尸者（死者）永远在门口！**

在今天我们看到的"相亲"对话中，通常是以"有房吗？""有车吗？""存款有六位数吗？"开始的。恋人之间的爱情关系，现在颠倒为物品之间的占有关系，所以，虽然他（她）们会拥抱，但真实发生的只是物质利益的勾连，作为人却"永远不能相遇"。

后记

这几本被我称之为哲学絮语的口袋文字，是从2015年开始写作的。起初，一天只能写一两段文字，后来则好些天写不出一段，再后来，就到了2018年我不再担任行政职务后的"报复性写作时期"，繁重的写作工作，使这一娱乐性的写作方式被迫中断。所以，同样是在休息和放松的时间里，我开始从自己已经出版的书和论文中，将那些有格言、警句色彩的句子和成段的重要表述摘录出来；之后，也从没有发表的讲稿、手稿和微信朋友圈陆续摘编了一些；最后，再从自己40年中写下的思想笔记中按时间线索，摘录了一些可看到我的思想发展踪迹的"足印"。这就慢慢地形成了读者面前的这本"学术语录"。

显然，它不是书，而是思想碎片。当然，它也可以泄露作者走向社会关系场境论和思想构境论的踪迹。它读起来不再会是困难和痛苦的，因为理性逻辑被炸碎了。思想火花，总是会在引起头痛之前熄灭的。然而，它有时也会是诗一样的此-彼隐喻之境，读者的理解反射弧会很长，说不定，一句话的真谛，会在好几天甚至更长的时间后才会慢慢地呈现出来。

书的原名就是《场·境·思》，后来编辑觉得应该有一个具体内容指向的副标题，并建议用"格言集"一类的表述。可我想了一下，"格言"一词还是不能随便用，因为成为格言的东西，必定是已经离开作者和文本的坊间流传文字，一个人显然不能将自己说的话直接指认为"格言"。最后，则有了"张一兵哲学絮语"这样有些"作"的副标题。

我将此作献给那些曾经在场于我的课堂中的"孩

子们"，以纪念那些令人激动却永远不可能重现的共在关系场境。希望，你们真的一切如愿了。

张一兵

2023 年 7 月 25 日于东京上野

张一兵（本名张异宾）男，1956年3月生于南京，祖籍山东茌平。1981年8月毕业于南京大学哲学系哲学专业。哲学博士。现任南京大学文科资深教授，马克思主义社会理论研究中心研究员，哲学学院博士研究生导师。代表性论著有：《回到马克思（第二卷）：社会场境论中的市民社会与劳动异化批判》（江苏人民出版社，2024年版）；《烈火吞噬的革命情境建构：情境主义国际思潮的构境论映像》（南京大学出版社，2021年版）；《革命的诗性：浪漫主义的话语风暴——瓦纳格姆〈日常生活的革命〉的构境论解读》（南京大学出版社，2021年版）；《神会波兰尼：意会认知与构境》（上海人民出版社，2021年版）；《问题式、症候阅读与意识形态：关于阿尔都塞的一种文本学解读》（北京师范大学出版社，2021年第2版）；《物象化图景与事的世界观：广松涉哲学的构境论研究》（天津人民出版社，2020年版）；《不可能的存在之真：拉康哲学映像》（上海人民出版社，2020年修订版）；《回到

马克思:经济学语境中的哲学话语》(江苏人民出版社,2020年第4版);《遭遇阿甘本:赤裸生命的例外悬临》(南京大学出版社,2019年版);《斯蒂格勒〈技术与时间〉构境论解读》(上海人民出版社,2018年版);《发现索恩-雷特尔:先天观念综合发生的隐秘社会历史机制》(北京师范大学出版社,2018年版);《无调式的辩证想象:阿多诺〈否定的辩证法〉的文本学解读》(江苏人民出版社,2016年第2版);《回到福柯:暴力性构序与生命治安的话语构境》(上海人民出版社,2016年版);《回到海德格尔:本有与构境》(第一卷,商务印书馆,2014年版);《马克思历史辩证法的主体向度》(武汉大学出版社,2010年第3版);《回到列宁:关于"哲学笔记"的一种后文本学解读》(江苏人民出版社,2008年版);《文本的深度耕犁》(第一卷,中国人民大学出版社,2004年版;第二卷,中国人民大学出版社,2008年版;第三卷,中国人民大学出版社,2019年版)等。